Erfolg mit System

Wie Sie mit den Mindset-Strategien der Supererfolgreichen unfassbare Selbstdisziplin, Willenskraft und Motivation entwickeln und ab sofort wie von selbst jedes Ihrer Ziele erreichen

INHALT

1. Prolog

Jeder Mensch strebt nach einem Erfolg. Sie auch? Dann haben Sie mit dem Kauf dieses Buches genau die richtige Entscheidung getroffen. Ein Erfolgserlebnis kann Ihnen in jedem erdenklichen Lebensabschnitt begegnen. Genießen Sie Ihren persönlichen Erfolg auf einer grenzenlosen Bandbreite:

Brauchen Sie Unterstützung im Alltag? Wollen Sie kochen lernen, abnehmen, Ihre Zeit besser managen oder das Wasser im Haushalt aufbereiten? Sie suchen eine Beschäftigung, um Ihren Alltag auszufüllen? Wie wäre es mit Joggen, Yoga, Schach, einem Hund oder einer Urlaubsplanung?

Im Beruf und in der Schule und auch im Studium kommt es auf Ihre Leistungen an. Auch hier können Erfolge projiziert werden. Sie wollen erfolgreich ein Auto kaufen, in die Programmierung einsteigen oder bei der Politik mitwirken? Dann zögern Sie nicht. Weiter wird eingegangen auf die Finanzen, auf die Gesundheit, auf Beziehungen, auf Talente und vieles mehr. Dieses Buch bietet Ihnen ein grenzenloses Spektrum an unvergesslichen Erfolgserlebnissen. Schauen Sie dazu gerne in das Inhaltsverzeichnis und lassen Sie sich von den dort aufgeführten Schwerpunkten inspirieren.

Ich habe mich lange und ausgiebig mit der Erfolgs-Thematik befasst und weiß nun, was es benötigt, um im Leben erfolgreich zu sein. In diesem Buch werde ich Erfahrungen, Tipps und Ratschläge aus den unterschiedlichsten Bereichen mit Ihnen teilen. Sie werden sehen, wie schnell und einfach die Techniken umsetzbar sind. Ich begleite Sie auf dem Weg zu Ihrem persönlichen Erfolg.

Viel Spaß beim Lesen! 😊

2. Der Erfolg

Damit Sie einen Erfolg überhaupt erzielen können, müssen Sie zuerst die wesentlichen Grundlagen erfassen. Der Begriff „Erfolg“ meint das Erreichen von gesetzten Zielen, die vorher definiert wurden oder allgemein erstrebenswert sind. Dabei können sich diese Ziele sowohl auf einen einzelnen Menschen als auch auf eine Organisation beziehen. Weiter kann zwischen materiellen und emotionalen Zielen differenziert werden. Die Vorsätze sind dabei nicht konkret in einem Satz definierbar. Vielmehr kommt es auf den komplexen Bezugsrahmen und die jeweiligen Bewertungskomponenten an. Und da in die Bewertung der Zielerreichung immer das persönliche Werte- und Zielsystem mit einfließt, ist der Erfolg ein Resultat des eigenen Handelns. Stellen Sie also Ihre eigenen Regeln auf, die Sie in Zukunft befolgen möchten.

Aber Achtung! Bleiben Sie locker und geben Sie nicht auf. Jede Zielerreichung verlangt ihre Zeit. Lassen Sie sich nicht vom Aufwand abschrecken, sondern gehen Sie es an. Sie schaffen das. Da bin ich zuversichtlich.

Im weiteren Verlauf des Buches werden Sie mit verschiedenen Bereichen konfrontiert, in denen ein Erfolg denkbar und umsetzbar ist. Nehmen Sie sich die Zeit und finden Sie Ihre individuelle Definition des Erfolgs. Wichtige und entscheidende Aspekte werden sicherlich Ihre persönliche Zielerreichung, Ihre Zufriedenheit, Ihr Wohlbefinden und Ihre idealen Visionen sein. Tun Sie das, was Sie erfüllt, und Sie beseelen Ihren persönlichen Erfolg. Die gleichzeitig einhergehende Anerkennung wird als kleiner Nebeneffekt auch sicherlich Ihr Selbstbewusstsein stärken. Also, worauf warten Sie noch?

3. Abnehmen

Heutzutage achten die Menschen immer mehr auf die Nahrungszufuhr. Viele greifen schnell und gerne auf das Abnehmen bzw. Fasten zurück, um einige überschüssige Pfunde loszuwerden.

Doch was passiert eigentlich genau bei dem Fasten? Bei dem Fasten stellen Sie Ihrem Körper weniger bis gar keine Nahrung mehr zur Verfügung, sodass dieser auf gespeicherte Kohlenhydrate zurückgreifen muss, um die Energieversorgung sicherzustellen. Die Speicher von Fett werden mit der Zeit aufgebraucht. Die Vorteile des Fastens werden Ihnen sicherlich innerhalb kürzerer Zeit auffallen. Des Weiteren normalisieren sich Stoffwechselprobleme und die Blutwerte und -fette weisen bessere Werte auf. Profitieren werden Sie auch, wenn Sie z. B. Darmstörungen, Bluthochdruck, Krebs oder Gelenkprobleme haben. Das alles klingt sehr verlockend.

Bedenken Sie: Nicht jeder sollte fasten. Achten Sie auf eine ausgewogene Ernährung, wenn Sie an einer vergangenen oder anhaltenden Krankheit leiden, schwanger sind, Medikamente einnehmen, sich nicht gut fühlen oder unter einer Essstörung leiden. Schließlich ist dieser Prozess für den Körper eine Herausforderung. Wenn Sie unsicher sind, sprechen Sie gerne mit Ihrem Arzt.

3.1 ARTEN DES FASTENS

Es gibt unzählige verschiedene Varianten des Fastens. Welche für Sie die richtige ist, müssen Sie für sich entscheiden. Gerne können Sie zwischen den einzelnen Arten variieren und Ihren individuellen Ernährungsplan aufstellen.

3.1.1 Das Intervallfasten

Das Intervallfasten, auch als intermittierendes Fasten bekannt, meint die Praktik, dass über einen längeren Zeitraum keine Nahrung aufgenommen wird. Häufig wird hierbei 16 Stunden auf eine Nahrungsaufnahme verzichtet. Dies ist nicht nur gesund, sondern auch noch eine gute Methode, um überflüssige Kilos zu verlieren.

3.1.2 Das Buchinger-Fasten

Diese besondere Fastenart kann zu der Vorbeugung von bestimmten Erkrankungen, zur Gewichtsabnahme oder auch als Therapie angewendet werden. Die gesamte Fastenzeit umfasst sieben bis zehn Tage. An den beiden ersten Tagen nehmen Sie eine Kost zu sich, welche kalorienreduziert ist. An dem 3. Tag folgt die Entleerung des Darms. Nun beginnt die eigentliche Fastenzeit. Hier sind nur flüssige Mittel zulässig. Später folgen mehrere Aufbautage. Schließlich müssen der Stoffwechsel und die Verdauungsfunktion langsam wieder angekurbelt werden. Je nach körperlicher Konstitution kommen Sie am Ende auf eine Dauer von zwei bis vier Wochen.

3.1.3 Das modifizierte Fasten

Bei dieser Art des Fastens wird nicht gänzlich auf die Kalorienaufnahme verzichtet. Sie fügen Ihrem Körper kleine Mengen zu. Die Mindestversorgung bleibt erhalten und die Muskelmasse wird nicht zu stark abgebaut. Aber auch hier wird auf feste Nahrung verzichtet. Häufig wird für diese Methode auf Proteinshakes zurückgegriffen. Die Variante wird ein bis drei Wochen lang durchgehalten und maximal zwei bis drei Mal im Jahr durchgeführt.

3.1.4 Das Langzeitfasten

Bekanntlich wird der größtmögliche Erfolg erzielt, wenn das Fasten so lange wie möglich ausgedehnt wird. Wenn Sie Ihre Essenszufuhr über mehr als 24 Stunden hinweg entfallen lassen, läuft Ihr Körper auf Hochtouren. Sie werden eine mentale und körperliche Energie wahrnehmen, ohne Hunger zu haben. Dieses durchgehende Fasten hat fettverbrennende und gesundheitsfördernde Effekte. Achten Sie darauf, nicht länger als 3-4 Tage zu fasten. Andernfalls wechselt Ihr Körper in den Notzustand. Ihr Körper wird die nächste Nahrung nicht in die Energie umsetzen, sondern in Form von Fett verbrennen, um sich auf weitere mögliche „schlechte Zeiten" vorzubereiten.

3.1.5 Das Wasserfasten

Bei dieser Art des Fastens nehmen Sie über einen bestimmten Zeitraum nichts anderes außer stilles und reines Wasser zu sich. Ihr Körper beginnt, das Körperfett als Energiequelle zu nutzen. Auch hier ist das Fasten, aus denselben Gründen wie bei dem Langzeitfasten (vgl. Kapitel „Das Langzeitfasten"), nicht länger als 3-4 Tage anzuwenden.

3.1.6 Das Trockenfasten

Im Gegensatz zu den bisher vorgestellten Arten des Fastens wird hier gänzlich auf Getränke aller Art verzichtet. Hierdurch lassen sich die positiven Effekte untermauern. Der Körper muss nicht nur die Energie der fehlenden Nahrungszunahme ersetzen, sondern darüber hinaus das Körperfett auch zur Wassergewinnung nutzen.

Die im Körperfett gespeicherten und gesättigten Fettsäuren enthalten eine Menge Wasserstoffmoleküle. Bei dem Fasten reichen diese Reserven aus, um mehrere Stunden bis hin zu einigen Tagen ohne Wasser auszukommen. Betreiben Sie dieses Fasten allerdings nicht länger als drei Tage, um gesundheitliche Folgen zu vermeiden.

3.2 MIT DEM FASTEN ZUM ERFOLG

Bei dem Abnehmen scheitern viele – aber warum? Nun, hier liegen einige Aspekte vor. Halten Sie sich an Ihre Zielsetzung und vermeiden Sie zu viele Ausnahmen. Andernfalls können Sie sich für eine andere Form der Diät entscheiden. Wichtig ist, dass Sie, wenn Sie essen, auf schnell verdauliche Kohlenhydrate verzichten. Hierzu zählen z. B. Brot, Reis, Kartoffeln, Zucker und andere Süßungsmittel. Auch frittierte Produkte und Fast Food sollten vermieden werden.

Wichtig ist, dass Sie die Bewegung nicht meiden. Wenn Sie sich bei dem Fasten nicht bewegen, verlieren Sie neben dem Fett auch noch Muskeleiweiß, was allerdings selten erwünscht ist.

Und Sie brauchen Geduld. Einige von Ihnen werden Ihr Gewicht schnell reduzieren können, andere wiederum brauchen mehr Zeit. Die Dauer der Fastenphase und Ihre eigene Motivation sind grundlegende Indikatoren, um einen Erfolg zu bezwecken. Denken Sie daran: Die Pfunde verschwinden nicht über Nacht.

4. Abschlussarbeiten

Sie stehen kurz vor Ihrer wichtigen Abschlussprüfung? Oder diese steht in den nächsten Wochen an? Sehr gut. Lesen Sie hier, wie Sie sich gut vorbereiten können und sicher in die schriftliche Prüfung gehen.

4.1 DIE VORBEREITUNG

Die Vorbereitungen sollten immer so früh wie möglich beginnen, damit das Lernen an sich nicht auch noch zu einem weiteren Stressfaktor mutiert. Am besten ist es, einen Zeitplan zu kreieren, der mit einem Stundenplan verglichen werden kann. Gestalten Sie Ihren Plan möglichst abwechslungsreich. Womöglich wird Ihnen das Lernen leichter fallen, wenn nicht mehrere verwandte oder unbeliebte Themen direkt aufeinander folgen. Außerdem sollte ein gewisser Tagesrhythmus eingehalten werden, damit die Lernphasen auch tatsächlich eingehalten werden. Wichtig ist, dass Sie zu der eingeplanten Zeit konzentriert und ungestört lernen können. Denn am Ende kommt es nicht auf die Dauer des Lernens, sondern auf die Effektivität an.

Neben dem Zeitplan können Sie auch eine tabellarische Liste führen, welche alle Themenbereiche aufführt. Durch entsprechende Markierungen Ihrerseits wird schnell deutlich, wo die Schwachstellen liegen und wo ein intensiveres Lernen erforderlich ist.

4.2 DAS LERNREZEPT

Im Grunde gibt es kein allgemeingültiges Rezept für das effektive Lernen, da jeder Mensch anders lernt. Aber es gibt gute Tipps, die Ihnen weiterhelfen können.

- Die entsprechende Motivation kann sich vielfältig äußern. Finden Sie einen Weg, um Ihre Stimmung bei dem Lernen aufrechtzuerhalten, auch wenn es Ihnen bei einigen Fächern womöglich schwerfallen wird.

- Gestalten Sie Ihre Lerneinheiten nicht zu umfangreich. Wichtig ist, dass Sie kleinere Einheiten ansetzen und auch Pausen mit einbringen.

- Machen Sie Gebrauch von Karteikarten. Diese können Sie flexibel an jedem Ort zu jeder Tageszeit wiederholen.

- Schaffen Sie Verknüpfungen. So kann sich Ihr Gehirn die Dinge am besten merken. Sie können sich z. B. Eselsbrücken oder Bilder und Geschichten mit einprägen, um sich später einfacher und schneller an das Gelernte zurückzuerinnern.

5. Alterung

Zum Leben gehört das Altern dazu. Ob am 30., 40. oder 50. Geburtstag, es kommt der Moment, da hört jeder das Ticken der biologischen und natürlichen Uhr. Dabei ist das Altern ein Prozess, welcher bereits von Geburt an unumkehrbar fortschreitet. Dass Lebewesen altern, ist von einer Vielzahl von Einflüssen bedingt. So beschleunigen Umweltfaktoren, der Lebensstil sowie auch einschneidende Lebensereignisse den genetisch vorherbestimmten Prozess des Alterns. Unterschieden wird grundsätzlich in zwei unterschiedlichen Formen der Alterung: Das primäre Altern sowie die Form des sekundären Alterns. Ersteres bezieht sich auf die Alterung von Zellen, Organen und Organismus. Er verläuft spezifisch, wird genetisch gesteuert und definiert die maximale Lebensspanne. Zu dem sekundären Altern gehören die Krankheiten und die entsprechend ausgleichenden Anpassungen an den entstandenen Schäden und den Funktionsstörungen. Alle Alterserscheinungen im Gesamtorganismus haben so ihre Ursachen in den vielfältigen Veränderungen der Zellen.

Nun, auch wenn Ihre Lebenszeit quasi vorprogrammiert ist, so können sie dennoch etwas tun, um auch im hohen Alter fit zu bleiben und Ihre Lebenszeit voll genießen zu können. Sorgen Sie vor. Dazu gehört nicht nur ein gesunder Lebensstil, sondern auch die Pflege Ihrer sozialen Kontakte, Ihr Selbstbewusstsein und auch Ihre Interessen, die Ihrem Leben einen Sinn geben. Im Folgenden sind wertvolle Tipps gegen das Altern aufgeführt. Fangen Sie an, Verantwortung für sich selbst zu übernehmen! Denken Sie darüber nach.

5.1 TIPPS GEGEN DIE ALTERUNG

- Achtsamkeit anstatt Autopilot -

Mit dem Lauf des Lebens wird es Ihnen sicherlich schwerer fallen, dem Zeitdruck und erschwerten Situationen standzuhalten. Eine Ursache ist der sinkende DHEA-Spiegel (Anti-Stress-Hormone). Was dagegen hilft? Der Stress bildet sich im Kopf, nicht in Ihrem Terminkalender. Seien Sie also wach für den Augenblick. Konzentrieren Sie sich auf den Augenblick, ganz egal, was Sie auch machen. Was tun Sie gerade? Was nehmen Sie wahr? Was fühlen Sie? Achtsamkeit bedeutet, dass Sie dem Heute den Vorzug geben. Leben Sie Ihr Leben intensiver und selbstbestimmter. Sie werden besser spüren, wie es Ihnen geht. Die Hormontherapie ist an dieser Stelle allerdings nicht zu empfehlen. Eine solche Therapie hat tatsächlich verjüngende Effekte, allerdings wirken diese nicht lebensverlängernd. Stattdessen bergen sie Risiken. So kann z. B. mehr Östrogen das Risiko für Brustkrebs erhöhen. Versuchen Sie es dann lieber mit einer Therapie und greifen Sie auf sportliche Aktivitäten zurück.

- Experte für den eigenen Körper -

Das Auto wird zur Inspektion gebracht, die Finanzen werden überwacht und die Heizungsanlage wird stetig überprüft. Dabei vergessen wir uns häufig schnell selbst. Sie können einiges dafür tun, vital zu bleiben, sofern Sie Ihre Risiken kennen. Laut Prof. Bamberger wird erst bei einer Vorsorgeuntersuchung vielen Menschen die Gewissenhaftigkeit für die eigene Salubrität bewusst.

- Das Rauchen aufgeben -

Sie hören es vielleicht nicht gerne: Doch mit keinem Schritt tun Sie genauso viel für Ihre Gesundheit wie mit dem Aufgeben des Rauchens. Bereits nach einem halben Jahr halbiert sich das Risiko für einen Herzinfarkt. Auch Krebs, Demenz oder chronische Zahnfleischentzündungen treten bei Rauchern häufiger auf. Bei den Frauen könnten die Wechseljahre vorzeitig in Erscheinung treten und auch die Falten der Haut kommen früher. Fazit: Meiden Sie das Rauchen!

- Legen Sie falsche Eitelkeit ab –

Es ist auf keinen Fall feige, wenn Sie ab einem bestimmten Punkt im Leben auf einige Risiken verzichten und unterstützende Hilfe anderer annehmen. Nicht, weil es womöglich andere von Ihnen erwarten, sondern weil Sie dann besser leben. Vielleicht sogar länger. Es gibt unzählige Unfallmöglichkeiten, die sie so vermeiden können.

- Fitformel -

Ein leichtes Ausdauertraining, welches sie mehrmals in der Woche ausüben, ist ein Gesundbrunnen. Je nach Belieben können Sie Fahrrad fahren, joggen oder schwimmen gehen. Es stabilisiert Ihr Gewicht, verbessert Ihre Blutdruck- und Blutfettwerte und beugt Diabetes und Herz-Kreislauf-Erkrankungen vor. Auch

Übergewichtige profitieren natürlich von diesem Effekt. Durch das Training wird zudem der Blutstrom des Gehirns verbessert und die Regenerierung von Nervenzellen wird angeregt. Bei dem Schwimmen werden zudem die Gelenke geschont und die Koordination geschult, weshalb sich diese Alternative besonders für ältere Menschen eignet.

- Kraft aufbauen -

Die Muskeln straffen nicht nur Ihre Figur, sie unterstützen auch dabei, dass Sie Ihr Körpergewicht halten können. Denn im Ruhestand verbrennen sie Energie. Besonders alle, die gerne essen, profitieren also vom regelmäßigen Krafttraining. Für Ältere ist entscheidend, dass das Krafttraining auch die Knochenfestigkeit und die Blutzucker- und Blutfettwerte verbessert. Wenn Sie ein Studio besuchen, achten Sie auf eine sorgfältige und kompetente Anleitung, um die Geräte anzupassen und falsche Anwendungen zu vermeiden.

- Schritte zählen -

Alternativ zu dem Fitnessstudio können Sie auch Ihre Schritte zählen. Machen Sie Ihre Pflichten des Alltags zum Fitnessprogramm. Erledigen Sie Ihre Gänge zu Fuß – z. B. zu dem Shop oder zu dem Friseur. Dies ist die beste Sauerstoffzufuhr für Ihre Haut, Ihr Herz und Ihr Hirn! Weil dabei zudem auch Hormone ausgeschüttet werden, die Ihre Stimmung erhellen, beugt die Bewegung Depressionen vor und vermutlich sogar auch Alzheimer und Parkinson. Für mehr Ansporn können Sie einen Schrittzähler verwenden. Setzen Sie sich Ihre eigenen Ziele. Allein, wenn Sie am Tag schon 3000 Schritte mehr als üblich machen, verbessern Sie Ihre Blutfettwerte.

- Hobbys wiederbeleben -

Knüpfen Sie an den Interessen und den Fertigkeiten aus Ihrer Kindheit an. Wenn Sie damals ein Talent für die Musik und Sprachen hatten, dann können Sie dies auch jetzt noch sehr leicht reaktivieren. Nutzen Sie diesen Effekt.

- Denksport ist überall -

Nicht nur unser Körper altert, sondern auch die kognitiven Fähigkeiten rosten, wenn Sie ungenutzt liegen gelassen werden. Üben Sie ganz einfach Ihre Konzentration. Erinnern Sie sich an das, was Sie vor wenigen Minuten gelesen haben? Was haben Sie gestern eingekauft? Wiederholen Sie das Gesagte aus der Nachrichtensendung. Ich wette, dass Sie in Zukunft besser und konzentrierter hinhören werden.

- Lernen Sie, was Sie wollen -

Es bilden sich immer wieder neue Synapsen, wenn Sie in ungewohnter Weise denken oder neue Bewegungsabläufe ausprobieren. Und das auch noch im hohen Alter. Achten Sie aber darauf, dass Sie das lernen, woran Sie auch wirklich Interesse haben, damit Sie das Gehirntraining langfristig beibehalten.

- Regelmäßig genießen -

Eines der größten Gesundheitsrisiken ist das Übergewicht. Halten Sie sich an feste Zeiten, um zu essen, um das Gewicht leichter zu halten. Wer sich zu Tisch gut satt ist, dem reichen zwischendurch oft Sticks von Obst und Gemüse. Wenn Sie zu vielen Zwischenmahlzeiten greifen, verlieren Sie schnell den Überblick. Ein Brötchen, einige Nüsse, ein wenig Schokolade und ein Joghurt und schon ist schnell der Energiewert einer großen Mahlzeit erreicht, was einem nicht bewusst ist.

- Ältere Menschen brauchen mehr -

Ältere Menschen brauchen im Gegensatz zu früheren Zeiten mehr Anteile an gesunden Inhaltsstoffen, aber weniger Kalorien. Machen Sie sich keinen detaillierten Ernährungsplan, sondern orientieren Sie sich an diesen fünf Ratschlägen:

1. Essen Sie Gemüse und Salat zu jeder warmen Mahlzeit.

2. Verwenden Sie bei dem Kochen Raps- und Olivenöl.

3. Bestellen Sie in einem Restaurant häufiger mal einen Fisch.

4. Trinken Sie am besten sehr kalorienfrei, z. B. Wasser oder Tee.

5. Genießen Sie zwischendurch gerne mal ein Stück Kuchen oder einen Cappuccino. Dies macht Sie sicherlich zufrieden.

- Bekömmlich ist gesünder -

Sehr nährstoffreich sind Linsen, Kohl und Vollkorngetreide. Allerdings sind diese auch schwer verdaulich. Machen Sie sich also keinen Kopf, wenn Sie diese Vitalkost nicht vertragen. Greifen Sie dann gerne zu leicht verdaulichen Alternativen, wie z. B. Basmati- statt Naturreis. Nur, was Ihnen wirklich guttut, ist auch gesund.

- UV-Schutz -

Sobald die ersten Sonnenstrahlen auf die Erde treffen, wollen wir doch alle das schöne Wetter genießen. Aber so sehr diese auch unsere Seele streicheln – der Hautfeind Nummer 1 umfasst die Strahlen der Sonne. Sie verursachen Falten und weitergehend auch Pigmentflecken. Schützen Sie sich deshalb mit Sonnencreme. Und vergessen Sie nicht Ihren Hals und Ihre Hände, denn diese altern oft sehr viel frühzeitiger als Ihre Gesicht.

- In den Spiegel schauen -

Sorgen Sie dafür, dass Sie gern Ihr Gesicht im Spiegel erblicken. Achten Sie aus diesem Grund auf eine sorgfältige Gesichtsreinigung und Haarpflege. Auch ein schmeichelndes Badezimmerlicht darf nicht fehlen.

- Enkelkinder halten fit -

Mit den Enkelkindern können die Kreuzworträtsel und Sprachkurse nicht mithalten. Auch Übungen und Kurse haben keine Chance. Der Austausch mit kleinen Kindern bewahrt die Flexibilität. Und je stärker die eine Aufgabe auch ein soziales Gebiet umfängt, desto intensiver wird hierbei Ihr Gehirn gefordert.

- Begegnen Sie neuen Menschen -

Niemand kommt darum herum, dass immer wieder vertraute Menschen des gleichen Alters von uns gehen. Neben diesen Verlusten können aber auch neue Bekanntschaften geschlossen werden. Gehen Sie unter die Leute, die dieselben oder ähnliche Interessen haben. Dies kann z. B. ein Gesangschor oder auch ein guter Verein sein. Überlegen Sie sich etwas. Daneben können Sie auch Kontakte mit Ihren Hausnachbarn pflegen. Diese bereichern auch gerne mal Ihren Alltag und geben Ihnen eine hohe Sicherheit mit.

- Über den Tag hinausdenken -

Auch im Ruhestand sollten Sie sich neuen Projekten widmen. Sie können beispielsweise Ihre Fotosammlung in Ordnung bringen. Es reicht nicht, wenn Sie das eigene Leben nur zwischen dem Haushalt und den Hausarztbesuchen verwalten.

- Noch nie war ich in ... -

Wo waren Sie noch nie? Und an welchem Ort wollten Sie schon immer einmal sein? Schauen Sie sich diesbezüglich gute und interessante Filme an, lesen Sie sich in den verschiedensten Büchern schlau und fahren Sie dann einfach los. Eine Reise ist im Leben eines der aufregendsten Begeisterungen überhaupt.

- Technik verstehen -

Überwiegend die älteren Menschen meiden gerne innovative Technologien und Geräte. Aber da entgeht Ihnen etwas. Nehmen Sie doch mal die Herausforderung an und lernen Sie, wie neue Geräte zu bedienen sind. Wenn eine ältere Dame so z. B. das Skypen erlernt, um mit den Enkeln in Kontakt zu treten, ist dies auch eine super spielerische Art, um mit Erfolg zu altern.

- Ehrenamt -

Freiwillige werden bei einer Wohlfahrt mit offenen Armen begrüßt. Bereiten Sie sich hier auf typische Anforderungen vor, damit das Ehrenamt zu einem persönlichen Erfolg wird. Helfen kann dabei zum Beispiel ein Volkshochschulkurs. Achten Sie bei der Wahl Ihrer gewünschten Stätte auf eine gute und kompetente Einweisung und auf fachkundige Betreuer, um Frust zu vermeiden. Machen Sie das Ehrenamt zu einer sinnvollen Lebensaufgabe und nutzen Sie die gebotene Chance für viele Begegnungen mit neuen Menschen.

6. Beruf

An sich haben Sie schon einiges erreicht und Sie sollten mit Ihrem Job zufrieden sein. Aber plötzlich geht nichts mehr weiter, obwohl Sie sich anstrengen? Wie Sie Ihre Karriere wieder etwas ankurbeln, erfahren Sie nachstehend.

6.1 TIPPS FÜR DEN ERFOLG

Was können Sie konkret tun, um erfolgreicher zu werden? Hier sind einige wertvolle Tipps, an denen Sie sich orientieren können:

- Ziele: Machen Sie sich Gedanken darüber, was genau Sie erreichen wollen. Die Ziele werden Ihnen helfen, zielstrebiger die Sache in den Angriff zu nehmen. Wenn Sie ein großes Ziel anstreben, dann unterteilen Sie dieses doch in Teil- oder Zwischenziele, so werden auch die größten Ziele machbar und umsetzbar.

- Bewusstsein: Schenken Sie sich selbst etwas, wenn Sie einen Erfolg oder ein Zwischenziel erreicht haben. Auch ein gelungener Tag kann dazu zählen. Diese kleine Freude bringt Achtsamkeit und ist ein kleiner Schritt näher zum Erfolg.

- Motivation: Nicht jede Tätigkeit liegt einem am Herzen. Doch versuchen Sie auch hier eine Freude zu integrieren.

- Visionen: Träume bereichern das Leben und wer träumen kann, ist glücklich. Versinken Sie gerne mal in Ihren Fantasien und holen Sie so Entspannung in Ihren Arbeitsalltag. Außerdem können Sie sich so mehr auf Ihr Ziel freuen.

- Auszeiten: Nutzen Sie regelmäßige Auszeiten, um Kraft zu gewinnen. Dies kann ein Spaziergang, Lesen oder auch Meditation sein. Nur, wer seine Erholungsmöglichkeit kennt, wird dauerhaft auch erfolgreich sein.

- Kompetenz: Hierzu zählen das Wissen, die Kenntnisse und das Gelernte. Täglich lernen wir Neues dazu. Ihr Wissen ist unerschöpflich. Oft wissen wir gar nicht, was wir tatsächlich alles können. Treten Sie aus sich heraus und scheuen Sie sich nicht vor neuen Informationen.

- Umfeld: Ihr Umfeld beeinflusst in der Tat Ihr Wohlbefinden. Schaffen Sie sich am Arbeitsplatz eine ruhige, ordentliche und angenehme Atmosphäre, um Ihre Leistungen zu fördern.

- Kontakte: Wenn Sie gerne mit Ihren Kollegen zusammen sind, fördert dies Ihre Ausgeglichenheit. In einem zufriedenen Umfeld mit Kollegen lebt es sich besser und erfolgreicher.

- Kommunikation: Haben Sie den Mut, Ihre Emotionen zum Ausdruck zu bringen. Kommunizieren Sie, beobachten Sie, hören Sie zu, stellen Sie gekonnte Fragen und gehen Sie auf Ihren Gegenüber ein. So wird jedes Gespräch gewinnbringender.

- Flexibilität: Bleiben Sie offen und in Bewegung. Verlassen Sie Ihren Komfortbereich. Die ausreichende Bewegung bringt einen Erfolg mit sich.

- Kreativität: Nehmen Sie sich die Zeit, um über Ideen und Lösungen nachzudenken. Dabei ist es unrelevant, wie sie entstanden sind. Notieren Sie diese, damit nichts verloren geht. Sicherlich werden Ihre eigenen Gedanken Sie dabei unterstützen, die Ziele zu erreichen und den Beruf zu meistern.

7. Bewerbung

Bewerbungen sind etwas, womit sich jeder einmal auseinandersetzen muss. Sei es nach der Ausbildung, gegen die Arbeitslosigkeit oder für einen Jobwechsel – die Gründe sind vielfältig. Damit Sie mit einer Zusage rechnen können, haben Sie allerdings viel Zeit und Nerven zu investieren. Sie haben das Unternehmen zu überzeugen. Doch wie genau stellen Sie dies an?

7.1 DIE UNTERLAGEN EINER BEWERBUNG

Mit den Bewerbungsunterlagen präsentieren Sie sich dem Personal. Es enthält alle Informationen und Qualifikationen über Sie. Hinterlassen Sie einen guten Eindruck und überzeigen Sie von sich!

7.1.1 Das Anschreiben

Bei dem Anschreiben geht es darum, die Motivation, die eigenen Stärken und die bisherigen Qualifikationen und Erfolge zu veranschaulichen. Überprüfen Sie mit der folgenden Checkliste die Vollständigkeit Ihres Dokumentes:

✓ Name
✓ Adresse
✓ Kontakt (Telefon und Mail)
✓ Adresse des Empfängers
✓ Betreff
✓ Anrede
✓ Einleitungssatz
✓ Kurze Darstellung Ihres Profils
✓ Bezug zu dem Unternehmen
✓ Kenntnisse und Referenzen
✓ Eintrittstermin
✓ Falls gefordert: Gehaltsvorstellung
✓ Abschlusssatz und Grußformel
✓ Unterschrift
✓ Verweis auf Anlagen

Machen Sie sich die Mühe und entwickeln Sie für jede Bewerbung eine Individualität. Sie brauchen nicht immer alles neu zu erfinden, allerdings sollte stets ein Bezug zu dem jeweiligen Arbeitgeber vorliegen. Natürlich können Sie sich auch von Texten aus dem Internet inspirieren lassen, jedoch sollten Sie für eine erfolgreiche Bewerbung etwas Einzigartiges und auch Persönliches entwickeln. Schließlich möchte das Unternehmen mit der Bewerbung etwas über Sie als Person erfahren und einschätzen, ob Sie in die Unternehmung passen.

7.1.2 Der Lebenslauf

Der Lebenslauf sollte klar strukturiert und übersichtlich sein. Hier werden alle Informationen des Bewerbers dargestellt. Hier die Checkliste, seien Sie kreativ:

✓ Name
✓ Adresse
✓ Kontaktdaten
✓ Angestrebte Position
✓ Berufliche Erfahrung
✓ Ausbildung
✓ Schulische Laufbahn
✓ Praktika
✓ Besondere Kenntnisse
✓ Zertifikate
✓ Sprachen
✓ Hobbys
✓ Ort, Datum
✓ Unterschrift

8. Beziehung zu Freunden

Die sozialen Kontakte haben eine hohe Bedeutung. Sie liegen im Ursprung der Menschheit. Schon immer war die Überlebenschance in einer Gemeinschaft höher. Außerdem wurde in Studien nachgewiesen, dass die Einsamkeit genauso schädlich für die Gesundheit ist wie das Zigaretten rauchen oder die Fettleibigkeit. Dabei bezieht sich die Einsamkeit nicht darauf, nicht von Menschen umgeben zu sein, sondern es geht um die ausbleibende Möglichkeit der Kontaktaufnahme.

8.1 QUALITÄT VOR QUANTITÄT

Die sozialen Beziehungen und Freundschaften beeinflussen stets unser Wohlbefinden. Für manche haben die Freunde sogar eine größere Bedeutung als die Familie, da diese frei gewählt werden können.

Doch bei den Freundschaften kommt es nicht auf die Menge an, viel wichtiger ist die Tiefe der Beziehung. Selbstverständlich wiegt eine alte Freundschaft, auf die man sich verlassen kann, mehr als eine flüchtige Bekanntschaft. Eine zu hohe Menge an oberflächlichen Kontakten kann sogar ein Gefühl der Einsamkeit hervorrufen. So sollen die Menschen, die besonders viele alte Freunde haben, tendenziell glücklicher sein. Auch der Reichtum kann hier nicht mithalten, denn echte Freundschaften kann man bekanntlich nicht kaufen.

8.2 DIE SOZIALEN MEDIEN

In unserer heutigen Gesellschaft sind die sozialen Netzwerke nicht mehr wegzudenken. Sie füllen unseren Alltag. Dadurch hat sich natürlich auch unsere Art, Kontakte zu knüpfen, verändert. Und dies ist nicht im positiven Sinne gemeint.

Häufig sinkt hier die Hemmschwelle zur Kontaktaufnahme, da die Kommunikation persönlicher ist. Besonders zurückhaltende Menschen können hiervon profitieren. Auch eine Kommunikation über eine weite Entfernung ist denkbar. Allerdings birgt diese Möglichkeit auch einige Risiken und Gefahren. So werden auf diesem Weg schnell die virtuellen Freundschaften vor die realen gestellt. Dabei gibt es dort weder eine echte Unterhaltung noch eine Umarmung. Bei den sozialen Medien geht es oft mehr um die Anhäufung der Kontakte anstatt um die Vertiefung. Gehen Sie also lieber raus und lernen Sie richtige Menschen aus Ihrem Umfeld kennen. Legen Sie Ihr Handy beiseite und knüpfen Sie echte und auch tiefe Freundschaften. Freunde, denen Sie alles erzählen können und blind vertrauen können, sind selten und etwas ganz Besonderes. Suchen Sie solche Menschen, um glücklicher zu sein. Wenn Sie bereits solch eine Bekanntschaft haben, dann halten Sie sich diese gut fest. Gehen Sie am besten jetzt direkt zu ihr bzw. ihm und genießen Sie die gemeinsame Zeit. Das wäre ein wahrer Erfolg und eine Bereicherung für Sie.

9. Disziplin

Zu der zentralen Kernkompetenz des persönlichen Erfolges gehört die Disziplin, damit die eigenen Ziele auch erreicht werden. Denn es sind immer die eigene Selbstbeherrschung und der richtige Tatenrang gefragt. Egal, wie gut die Ziele auch formuliert werden, am Ende entscheiden die Beherrschung des eigenen Willens sowie die Ordnung und Kontrolle über sich selbst.

9.1 DEFINITION DISZIPLIN

Die Disziplin begegnet uns im Alltag ständig. Ob bei dem Essen, bei dem Sport, bei dem Arbeiten oder bei dem Lernen. Sie starten mit Ihr bereits in den Tag, wenn der Wecker klingelt. Die Frage ist, ob Sie den Verpflichtungen nachgehen oder Ihr eigenes Ding durchziehen. Natürlich spielen auch die Werte, die uns in der Erziehung mitgegeben wurden, eine Rolle.

> Die Disziplin ist keine Eigenschaft, die vererbt wurde, sondern Sie ist das Ergebnis von einem Training der eigenen Charakterstärke. Jeder kann die Disziplin somit erlernen, denn dafür ist es in der Tat nie zu spät.

9.2 DISZIPLIN ERLERNEN

Noch kein Meister ist von dem Himmel gefallen – kennen Sie dieses Sprichwort? Nun, so ist es auch hier. Erst die Routine und die Gewohnheiten führen zur Disziplin. Wenn Sie diese nämlich richtig in Ihrem Alltag integrieren, nehmen Sie dem Gehirn die Entscheidung ab. Es wird automatisch zu einem Teil des Verhaltens. Sie werden es selbst merken: Mit der regelmäßigen Ausübung der Routine geht es Ihnen leichter von der Hand. Wenn Sie z. B. morgens immer direkt aufstehen und dem Zweck des Weckers folgen, werden Sie sich später nicht mehr oder seltener fragen: Was wäre, wenn ich heute einfach liegen bleibe? Geben Sie diesem Verlangen nämlich immer wieder nach, so werden Sie noch in zehn Jahren morgens eine Diskussion führen, ob die Arbeit eben angetreten werden soll oder nicht. Die Routine und die damit verbundene Disziplin machen es möglich.

Die Disziplin meint also das Überwinden des eigenen Schweinehunds. Dabei geht es nicht nur um den täglichen Ruf des Weckers. Auch das Verzichten auf gewisse Dinge oder das Einhalten bestimmter Trainingseinheiten gehören dazu. Hier gibt es keine Grenzen. Konzentrieren Sie sich und legen Sie täglich die richtige Disziplin an. Schon bald werden Sie den Erfolg schmecken. Der Weg ist hier das Ziel. Sie sind selbst dafür verantwortlich, die Stolpersteine aus dem Weg zu schaffen und sich keine neuen dazuzulegen.

10. Einstellungstest

Heutzutage sind Sie kaum noch wegzudenken: Die Einstellungstests. Unternehmen wollen Ihre Persönlichkeit herausfinden und bewerten, um eine Personenauswahl treffen zu können. Die Themenschwerpunkte können dabei unterschiedlich ausfallen. Die einen testen Ihr Allgemeinwissen und das Wissen über das Unternehmen, während andere sich auf Ihr Fachwissen konzentrieren. Auch fachbezogene Tests, z. B. aus der Mathematik, Chemie oder Technik sind denkbar. Dabei wird sich darüber hinaus auch ein Bild von der Rechtschreibung, von dem Ausdruck und dem Schriftbild der Bewerber und Bewerberinnen gemacht.

Da solche Tests vorher nicht einsehbar sind, kann ich Ihnen an dieser Stelle nur ans Herz legen, dass Sie sich im Internet weiterbilden. Dort werden Online-Tests angeboten, die Sie durchführen können. Viel Erfolg, ich drücke Ihnen bei Ihrem nächsten anstehenden Test die Daumen.

11. Fitness

Jeder fängt mal klein an. So ist es eben auch mit der Fitness. Um Sie bei Ihren Bestrebungen zu unterstützen, biete ich Ihnen hier gute Ratschläge für einen ultimativen Erfolg.

- Planung und Trainingspläne müssen individuell auf Sie abgestimmt sein. Jeder Mensch ist anders in Bezug auf Körperbau, Auslastung, Stärke etc. Bei dem Trainer Ihres Vertrauens bekommen Sie gute Startpläne.

- Achten Sie bitte darauf, dass Sie sich selbst nicht zu viel auf einmal vornehmen, sonst geht schnell die Lust an dem Training verloren. Auch eine ausreichende Regeneration ist entscheidend, damit Sie nicht an dem Rand des Leistungszusammenbruchs gelangen.

- Achten Sie bei der Durchführung auf eine saubere Technik. Holen Sie sich gerne einen Betreuer des Fitnessstudios dazu, um Fehlhaltungen zu vermeiden.

- Manchmal ist es sinnvoll, weniger Gewichte auf einmal zu stemmen. Dies kann tatsächlich sogar Wunder bewirken. Zudem sollte es auch Phasen geben, in denen Sie mal nicht 100 % geben, damit sich Ihr Körper aufladen kann und Sie neue Kräfte sammeln.

- Verbringen Sie Zeit an freien Gewichten. So beanspruchen Sie auch Muskelgruppen, die nicht so offensichtlich sind. So bessern Sie persönliche Schwachstellen aus und vermeiden darüber hinaus auch Verletzungen.

- Achten Sie auf eine angepasste Ernährung. Fragen Sie hierzu gerne einen Experten. Schließlich wäre es ja ärgerlich, wenn Sie aufgrund der Mahlzeit nach dem Training zu keinem Erfolg gelangen. Außerdem braucht Ihr Körper nach einer Trainingseinheit eine ausgewogene Menge an Vitaminen.

- Bei dem Training werden akut Stresshormone ausgeschüttet. Dies ist notwendig, um das Energiebedürfnis des Körpers zu stillen. Wichtig ist deshalb an dieser Stelle, dass Sie ausreichend Schlaf bekommen, damit sich Ihr Körper erholen kann.

12. Fußball

Eine sehr verbreitete Sportart ist der Fußball, welches in allen Ländern auf der Welt gespielt wird, und das unabhängig vom Alter. Die Regeln sind sehr umfassend und komplex, indes allerdings nicht schwer zu verstehen. Im Folgenden werden die essenziellsten Regelwerke dieser Sportart genauer erläutert und so formuliert, dass sie auch für Neue des Gebiets gut zu verstehen sind. Damit auch Sie schnell in das Spiel aufspringen können, erkläre ich Ihnen alles, was Sie zu den Spielregeln beherrschen müssen.

12.1 DIE GRUNDLAGEN

Fußball ist ein Mannschaftssport. Es treten 22 Spieler gegeneinander an – 11 Personen pro Team. Darunter ein Torwart und zehn Feldspieler. Außerdem hat jede Mannschaft einen Ersatzspieler, der bei Bedarf ausgewechselt werden kann. Jedes Team kann in einem Spiel jedoch nur maximal 3 Auswechslungen vornehmen. Ein Spieler aus jeder Mannschaft wird zum Kapitän oder auch zum Spielführer ernannt. Er genießt durch diese Benennung keine Privilegien, übernimmt aber ein gewisses Pflichtgefühl für das Team. Darüber hinaus fungiert der Kapitän bei Meinungsverschiedenheiten oder Diskussionen innerhalb und außerhalb des Platzes als Kontaktstelle zwischen dem Schiedsrichter und der Mannschaft sowie dem Verantwortlichen bei Diskussionen oder Unstimmigkeiten.

Das Spielfeld besteht normalerweise aus Rasen. Es gibt auch sogenannte „Hartplätze“ mit einer Schicht aus Granulat auf der Oberfläche – diese werden aber eher für das Training genutzt. Im Zusammenhang mit dem Spielfeld gibt es vom Deutschen Fußballbund, kurz DFB, gewisse Vorgaben bzw. Richtlinien, welche einzuhalten sind. Hier eine Übersicht:

Bemessenes Utensil	Mindestgröße	Maximale Größe
Spielfeld für nat. Spiele	90 * 45 Meter	120 * 90 Meter
Spielfeld internat. Spiele	100 * 64 Meter	110 * 75 Meter
Der Mittelkreis	9,15 Meter im Radius	9,15 Meter im Radius
Strafstoßpunkt	Elf Meter vor das Tor	Elf Meter vor das Tor
Rahmen vom Tor	7,32 Meter * 2,44 Meter	7,32 Meter * 2,44 Meter

Auch die Größe und die Markierungen des Platzes unterliegen bestimmten Vorgaben:

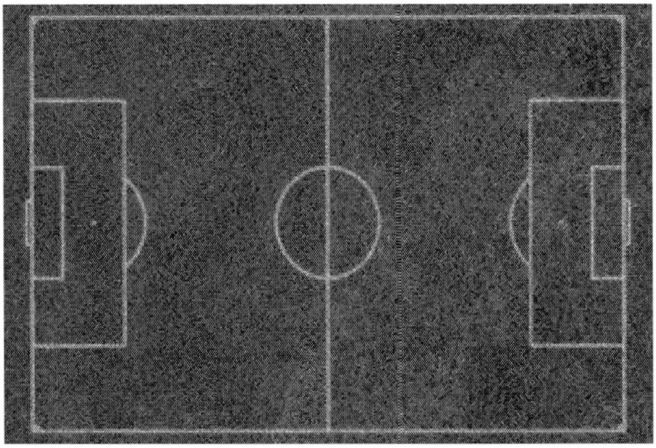

Abbildung 1: Das Spielfeld

Ein ganzes Spiel hält in der Summe 90 Minuten (2x 45 Minuten mit 15 Minuten Pause) an. Es beginnt mit dem Anpfiff. Jedes Team ist in seiner eigenen Hälfte. Der Ball befindet sich an dem sog. Anstoßpunkt in der Mitte des gesamten Spielfelds. Hat sich der Ball eindeutig bewegt, gilt er als gespielt. Der gegnerische Spieler muss bis zu dem ersten Kontakt mit dem Ball außerhalb des Mittelkreises verweilen. Eine Mannschaft startet am Anfang des Spiels und die andere Mannschaft startet mit dem Anstoß, wenn die zweite Halbzeit beginnt. Welches Team zuerst antritt, wird durch einen Münzwurf vor Spielbeginn bestimmt.

12.2 UNTERBRECHUNGEN DES SPIELS

Die Aufgabe des Schiedsrichters ist nicht ganz so einfach. Es gibt oft sehr schwierige Situationen, in denen er eine Entscheidung treffen muss. Spieler auf dem Platz können nur mit Füßen, Kopf oder Brust spielen. Wenn Sie den Ball mit Ihrer Hand oder mit Ihrem Arm berühren, bestraft der Schiedsrichter ein Foul. Nur der Torwart darf seine Hand im Strafraum vor seinem Tor einsetzen. Dies ist jedoch nur erlaubt, wenn der gegnerische Spieler spielt. Nehmen Sie keinen Ball von einem Ihrer Mitspieler mit der Hand auf. Wenn ein solcher Rückschlag darin besteht, den Ball mit den Händen zu fangen, muss der Schiedsrichter auch das Foul benennen.

12.2.1 Das Foulspiel

Ein Foul führt immer zu einem Freistoß für die gegnerische Mannschaft. Während der Ausführung dürfen sich im Umkreis von 9,15 m keine Gegner befinden, die den jeweiligen Schützen behindern. Wird ein Foul im Strafraum des Gegners bestraft, erhält die gefoulte Mannschaft einen Strafstoß, den sog. Elfmeter. Dieser wird von einem Spieler elf Meter vor dem Tor ausgeführt. Zwischen dem Spieler und dem Torwart dürfen sich keine anderen Spieler befinden. Als Fouls gelten unter anderem die folgenden Verhaltensweisen:

- Ein Handspiel
- Unsportlichkeiten, wie z. B. Treten, Spucken, Beleidigen und Schlagen
- Das Festhalten eines Gegenspielers
- Ein unangemessener Körpereinsatz bei dem Kampf um den Ball

Das Spiel wird vom Schiedsrichter zusammen mit zwei Linienrichtern geleitet. Bei einem Foul kann er dem Spieler mit Hochheben der gelben Karte vorwarnen. Wird einem Spieler eine weitere gelbe Karte zugeteilt, so summieren sich diese beiden zu einer gelbroten Karte. Der betroffene Spieler hat das Spielfeld zu verlassen und sein Team spielt anschließend in einer Unterzahl weiter. Eine rote Karte kann von dem Schiedsrichter direkt vergeben werden, wenn ein besonders schweres Vorgehen vorliegt.

12.2.2 Der Ausball

Eine weitere Unterbrechung des Spiels kommt zustande, wenn der Ball die Aus-Linie überschreitet, welche das Spielfeld umgibt. Je nachdem, wo genau der Ball in das Aus gespielt wurde, zieht es eine unterschiedliche Konsequenz mit sich.

1. Einwurf: Wenn eines der beiden Teams den Fußball in das Seitenaus spielt – dies ist die längere Seite des Fußballfeldes – so bekommt die andere Mannschaft den Einwurf. Der Ball wird an der Stelle, wo er das Spielfeld zuvor verlassen hat, von dem jeweiligen Spieler mit der Hand in das Feld zurückgeworfen.

2. Abstoß: Wenn ein Team den Fußball neben oder über das rivalisierte Tor schießt, dann wird dem Gegner ein Abstoß zugeschrieben. Der Ball wird zurück in den sog. Strafraum gelegt und i. d. R. von dem Torwart mit dem Fuß zu einem seiner Mitspieler gespielt.

3. Eckball: Wird der Ball von der Mannschaft neben oder über das eigene Fußballtor geschossen, dann gibt es einen Eckball für das gegnerische Team. Der Ball wird dann an einer Ecke des Fußballfeldes der eigenen Spielhälfte positioniert und mit einem Fuß in das Spiel zurückgeschossen.

Der Schiedsrichter kann eine Nachspielzeit veranschlagen, um auf eventuelle Spielverzögerungen und Spielerverletzungen zu reagieren. Der Umfang der Nachspielzeit wird individuell von dem Schiedsrichter angesetzt.

12.3 TIEFERGEHENDE REGELN BEIM FUSSBALL

Nun geht es an die tiefergehenden Regeln bei dem Fußball. Fühlen Sie sich nicht direkt erschlagen. Die Regeln eignen Sie sich am besten während des Spielens an.

12.3.1 Das Abseits

Zu den Aufgaben der Linienrichter gehört das Erkennen von Abseitspositionen. Von einem Abseits spricht man, wenn ein Feldspieler den Ball zugepasst bekommt, aber bei der Ballabgabe näher am Tor der Gegner steht als zwei seiner Gegenspieler. Zu beachten ist, dass sich der betroffene Mitspieler in der Spielfeldhälfte des Gegners befindet.

Bei Einwürfen, Abstößen und Eckbällen gibt es kein Abseits. Hier kann sich der Spieler so weit hinter der Gegenabwehr aufhalten, wie es ihm beliebt. Auch die Quer- und Rückpässe bilden eine Ausnahme. Wird der Ball nach hinten gespielt und nicht wie üblich nach vorne, liegt jedoch kein Abseits vor. Hier ist es auch egal, wo im Feld sich der angespielte Teamplayer befindet. Kommt es zu einer Abseitsposition, so können Sie mit einem Freistoß für die gegnerische Mannschaft rechnen. Dieser wird auf der Höhe erfolgen, auf der das Abseits vom Schiedsrichter abgepfiffen wurde.

12.3.2 Passives Abseits

Von einem passiven Abseits spricht man, wenn ein Spieler im Bereich des Abseits steht, aber nicht aktiv in das Geschehen eingriff. Wenn dieser weder anspielt noch Gegenspieler behindert, z. B. durch das Versperren der Sicht, so wird diese Abseitsposition nicht kommentiert und das Fußballspiel läuft ohne Folge normal weiter.

12.3.3 Die Vorteilsregelung

Bei dem Fußball ist nicht gleich jeder Zweikampf ein Foul. Im Normalfall wird das Spiel bei jedem Foul unterbrochen. Mithilfe der Vorteilsregelung kann das Spiel allerdings ohne Unterbrechung weiterlaufen gelassen werden. Zu berücksichtigen ist, dass das Team im Besitz des Balls bleibt, dessen Spieler auch gefoult wurde. Denn so kann das angegriffene Team aus der aktuellen Situation für sich noch immer einen Vorteil ziehen, und das trotz des begangenen Fouls. Wenn das Vergehen also der Mannschaft zugutekommt, so verzichtet der Schiedsrichter auf eine Unterbrechung des Spiels. Was auch wichtig ist, ist, dass der unparteiische Schiedsrichter die Situation auch noch nachträglich beurteilen kann. So kann der Spieler, der das Foul ausgeübt hat, auch noch nach dem Ablauf des Angriffes eine gelbe Karte vereitelt bekommen.

12.3.4 Der direkte und indirekte Freistoß

Bei den Freistößen wird grundsätzlich zwischen dem direkten und dem indirekten Freistoß differenziert. Bei dem direkten Freistoß darf der Fußball vom antretenden Spieler direkt in das Gegentor geschossen werden. Dies ist i. d. R. nur bei Foulspielen und regelwidrigen Handspielen der Fall.

Die folgenden Vorgehen bringen einen direkten Freistoß mit sich:

- (Versuchtes) Treten, Beinstellen, Schlagen, Anspringen oder Anspucken
- Das Rempeln oder das Stoßen
- Das Festhalten und Bedrängen
- Das absichtliche Handspiel

Die zweite Variante wird stets mit einem ausgestreckten Arm vom Schiedsrichter über seinen Kopf angedeutet. Hier kann nur ein Torpunkt erzielt werden, wenn der Fußball auch noch nach der Ausführung von einem zweiten Spieler berührt wurde. Dabei ist es unrelevant, welchem Team dieser Spieler angehört. Sollte der Ball dennoch direkt und ohne einen zweiten Spielerkontakt in das Tor gelangen, so ist dieser Treffer als ungültig zu bewerten und das verteidigende Team erhält einen Abstoß.

Die folgenden Vorgehen bringen einen indirekten Freistoß mit sich:

- Unsportlichkeiten in Ausprägung von z. B. Beleidigungen
- Ein gefährliches Spiel, wobei der Gegenspieler aber nicht berührt wird
- Eine vorliegende Behinderung des Gegners, obwohl nicht um den Ball gekämpft wurde
- Ein Entgegennehmen des Rückpasses durch den Torwart
- Ein Abseits

12.4 DAS ENDE DES SPIELS

Zu jedem Beginn und nach jedem erfolgreich erzielten Tor gibt es einen Freistoß. Das Ziel ist, am Ende mehr Tore gemacht zu haben als das gegnerische Team. Wenn nun nach neunzig Minuten Spielzeit keines der beiden Teams mehr Tore geschossen hat als das andere, so geht es mit einem Unentschieden aus. Muss jedoch zwingend ein Sieger ernannt werden, so findet eine entsprechende Verlängerung statt.

Hierbei werden nochmal zwei Halbzeiten mit jeweils 15 Minuten gesetzt und gespielt. Steht nach dieser halben Stunde noch immer kein Gewinner fest, dann entscheidet das sog. Elfmeterschießen. Dabei werden pro Team insgesamt fünf Elfmeter ausgeführt. Sollte auch hiernach kein Sieger zu erklären sein, so wird das Elfmeter so lange fortgeführt, bis eine Mannschaft mehr Tore erzielt.

12.5 DIE AUSRÜSTUNG BEIM FUßBALL

Auf dem Fußballplatz tragen alle Spieler Trikots. Diese bestehen aus einem Shirt, einer Hose und Stutzen. Auch Schienbeinschoner und geeignete Schuhe gehören zur benötigten Grundausstattung dazu. Der Torwart trägt daneben zusätzlich spezielle Torwarthandschuhe. Zur besseren Übersichtlichkeit sollten sich die Trikots der beiden Mannschaften grundlegend in zwei Farben unterscheiden.

Zum Vorbeugen von Verletzungen muss vor dem Beginn des Spiels der Körperschmuck jeglicher Art entfernt werden. Ketten, Piercings, Nasen–ringe und Ähnliches sind vor dem Anpfiff abzulegen, da diese ein zu hohes Verletzungsrisiko bieten.

Zu der Ausrüstung der Schiedsrichter gehören ein entsprechendes Trikot, eine Uhr, eine Pfeife, eine gelbe sowie eine rote Karte und ein Notizblock.

12.6 TIPP FÜR SIE

Hier noch ein guter Tipp zum Ende des Kapitels:

> Schauen Sie sich doch gerne mal in Ihrer Umgebung um. In geradezu jedem Ort gibt es Sport- und Fußballvereine. Schnuppern Sie doch gerne mal rein und lassen Sie sich inspirieren. Die entsprechende Ausrüstung wird man Ihnen für ein Spiel sicherlich zustellen. Und nun ran an den Ball!

13. Gehirntraining

Gehirnjogging, Gehirntraining oder auch Gedächtnistraining ist bewusstes Training von Gehirn und Gedächtnis durch spezifische Übungen und verschiedene Techniken. Im Durchschnitt verwenden Menschen nur 4 % des Gehirns. Bei dem Gedächtnistraining wird versucht, einen größeren Teil des Gehirns zu nutzen. Das Gehirn kann mit Muskeln verglichen werden, die in regelmäßigen Abständen trainiert werden müssen, damit die Nervenzellen, auch Neuronen genannt, nicht schrumpfen.

13.1 WAS GENAU IST DAS GEDÄCHTNIS?

Das Gedächtnis kann in Ultrakurzzeitgedächtnis, Kurzzeitgedächtnis und Langzeitgedächtnis differenziert werden. Der Gedächtnisprozess wird durch Müdigkeit, Stress und Zeitdruck negativ beeinflusst.

Das sog. Ultrakurzzeitgedächtnis (UKZ) zeichnet alle Infos auf, verarbeitet sie und gibt die gefilterten und gewichteten Informationen an das KZG ab. Die Informationen werden ungefähr zwei Stunden lang im UKZ gespeichert.

Die neuesten Informationen werden im Kurzzeitgedächtnis (KZG) gespeichert, das auch als Arbeitsgedächtnis bezeichnet wird. Je nach Gewichtung werden die Infos hier für eine kurze Zeitspanne gespeichert oder sie werden bei Nichtbedarf wieder gelöscht.

Das Langzeitgedächtnis (LZG) kann Emotionen, Informationen, Erfahrungen, Fähigkeiten, Regeln usw. speichern. Es zeichnet sich durch eine unbegrenzte Dauer des Speichers, durch eine unbegrenzte Kapazitätsaufnahme und durch sehr kurze Abrufzeiten aus. Insbesondere kann die Fähigkeit von LZG durch gezieltes Gehirntraining verbessert werden.

13.2 WIE FUNKTIONIERT EIGENTLICH IHR GEHIRN?

Das menschliche Gehirn besteht insgesamt aus fünf Teilen, welche für diverse Aufgaben verantwortlich sind.

- Großhirn: Visuelle Reize, Intelligenz, Sprache
- Kleinhirn: Gleichgewicht, Bewegungskoordination der Muskeln
- Zwischenhirn: Gefühle, Temperatur
- Mittelhirn: Augenbewegung
- Stammhirn: Einfache Grundfunktionen

Jedes Gehirn eines Menschen verfügt über ein gesamtes Netzwerk von bis zu hundert Milliarden Nervenzellen, auch Neuronen genannt. Täglich fließen etwa 80 l Sauerstoff und 1.200 l Blut durch Ihr Gehirn. Das Hauptmerkmal der mentalen Leistung ist die Verbindung zwischen Neuronen und Synapsen, diese werden aber erst im Laufe Ihres Lebens akkumuliert. Der Mensch nutzt jedoch nur 4 % dieser Kapazität. Diese Fähigkeit kann gezielt durch soziale, psychische und physische Herausforderungen erweitert werden, insbesondere durch gezieltes Training des Gehirns.

13.3 WAS IST GEHIRNTRAINING?

Durch ein gezieltes Training des Gehirns kann die geistige Leistungsfähigkeit verbessert werden, indem die Aufnahmefähigkeit, die Konzentration, die Koordination und die Lernfähigkeit angeregt werden. Darüber hinaus wird die Fähigkeit, logisch zu denken und Urteile zu fällen, verbessert. Eine bessere Gedächtnisleistung kann auch das Gedächtnis verbessern, den durch die geistige Flexibilität verursachten Stress verringern und gleichzeitig die Fähigkeit verbessern, sich auszudrücken, sodass Sie Wörter schneller finden können.

13.3.1 Techniken zum Training des Gehirns

- Verbildlichung: Das Gehirn kann unzählige Bilder speichern. Das Verknüpfen des Motivs mit dem mentalen Bild erleichtert das Erinnern an die Informationen.

- Lokalisation: Mit Hilfe der visuellen Kraft der Vorstellung können die verschiedenen Inhalte beim Lernen psychologisch in ein von Ihnen vertrautes Umfeld (z. B. Ihre eigene Wohnung) integriert werden. Um sich an bestimmte Dinge zu erinnern, können Sie sie mit vertrautem Wohnungsinventar kombinieren.

- Emotionen: Emotionen sind sehr wichtig, um zu lernen und sich an die gelernten Informationen wieder zu erinnern. Verschiedene Wörter oder Namen können mit Wut, Freude oder Leidenschaft verbunden sein, sodass sie im Geist schnell wieder abgerufen werden können.

- Transformation: Indem Sie bestimmte Inhalte in eigene Erinnerungen oder Erfahrungen umwandeln, können Sie abstrakte und schwierige Inhalte gut lernen, indem Sie z. B. die Zahlen, die Sie lernen möchten, in persönliche Zahlen umwandeln.

- Eselsbrücken: Informationen können in rhythmischer Form sowie in verschiedenen Rhythmen und Memo-Links vorliegen. Dies bedeutet, dass Sie sie schnell lernen und mit der gleichen Geschwindigkeit erneut aufrufen können.
- Geschichten: Informationen können basierend auf der Geschichte schnell, sicher und logisch verknüpft werden. Durch das Aufrufen einer fiktiven Geschichte können diese Informationen gut aufgerufen werden.

13.3.2 Übungen für das Gehirn

Durch verschiedene kleine Gehirn-Jogging-Übungen im täglichen Leben kann das Gehirn leicht trainiert werden. Hier ein paar Beispiele:

- Kreuzworträtsel und Sudoku

- Körperliche Aktivität wie Joggen und Gymnastik mit kleinen Merkspielen des Weges oder der umgebenden Landschaft verbinden

- Kleine Gedichte lernen und während der Autofahrt abrufen

- Zählen von Dingen wie Brücken, LKWs und Kreuzungen, in dem Auto oder bei dem Radfahren
- Zusammenzählen des Einkaufswerts mit anschließendem Vergleich bei der Bezahlung an der Kasse
- Lernen von Straßenbezeichnungen oder Menschennamen

14. Geld anlegen

Die Investoren können bzw. müssen für eine erfolgreiche und zugleich nachhaltige Anlage wichtige Kernaspekte berücksichtigen. Besonders wichtig ist, dass Sie sich eigene Gedanken darüber machen, wie Sie Ihr Geld richtig anlegen können. Wenn Sie blind anderen vertrauen oder voreilige Entschlüsse treffen, verringert sich Ihre Chance auf eine erfolgreiche Geldanlage. In diesem Kapitel werden Sie die Antworten auf wichtige und entscheidende Fragestellungen entdecken, die es in diesem Zusammenhang zu beachten gibt. Am Ende müssen Sie sich jedoch für sich selbst verantworten, wenn es um die Frage nach der richtigen Anlage geht. Schließlich ist diese von diversen persönlichen und individuellen Faktoren abhängig. Aber keine Angst, ich nehme Sie an die Hand, sodass Sie schon bald Ihren Erfolg auf der Hand liegen haben.

14.1 WELCHE MÖGLICHKEITEN WERDEN ANGEBOTEN?

Es gibt unzählige Möglichkeiten, das Geld anzulegen, aber langfristig erfolgreich sind noch lange nicht alle. Die folgenden Möglichkeiten der Geldanlage werden überwacht und sind reglementiert. Im weiteren Verlauf wird auf jeden Unterpunkt eingegangen. Gerne können Sie die verschiedenen Anlagemöglichkeiten auch frei miteinander kombinieren, um Ihre persönlichen Renditeziele zu verwirklichen.

- Das Girokonto/Tagesgeld
- Das Sparbuch
- Die Renten- und Lebensversicherung
- Die Bausparverträge
- Die Aktien
- Die Aktienfonds
- Die Anleihen
- Die Immobilien
- Die Edelmetalle

Nicht alle der hier aufgelisteten Möglichkeiten zur Geldanlage stellen Sachwerte dar. Unter die Sachwerten fallen nur die Aktien, die Immobilien und eingeschränkt die Edelmetalle. Das hat den einfachen Grund, dass die anderen Formen der Anlage keinen konkreten Gegenwert besitzen. Die Aktie verweist auf einen Unternehmensanteil, ein Haus und ein Grundstück sind auch greifbar. Hinter diesen Anlagen befindet sich somit ein realer Wert, welcher nur in begrenzter Menge vorhanden ist. Natürlich kann auch hier eine Enteignung stattfinden, dennoch haben sich die Sachwerte bisher im Vergleich als sehr sichere Anlageform erwiesen.

Die Bankguthaben und Forderungen bieten diese Art der Sicherheit nicht. Sie stellen lediglich ein Versprechen auf eine spätere Einlösung dar. Die Anlageformen können bei einer steigenden Inflation, bei einer Staatsinsolvenz und bei einem Schuldenschnitt den Wert teilweise oder auch vollständig verlieren. Aber lesen Sie sich gerne selbst schlau in den folgenden Unterkapiteln. Diese Unterweisung dient nur als Hinweis und nicht als Richtlinie.

14.1.1 Das Girokonto / Tagesgeld

Diese Anlageform wird Ihnen womöglich sehr bekannt vorkommen. Das Girokonto und das Tagesgeld sind gekennzeichnet durch die hohe Verfügbarkeit. Der gesamte Betrag kann jeden Tag genutzt werden, um z. B. Zahlungen oder Dispositionierungen zu tätigen. Im Gegenzug gibt es hier aber nur noch sehr selten positive Zinsen und in seltenen Fällen sind sogar Negativzinsen fällig. Dies ist auf den Werteverlust, verursacht durch die Inflation, zurückzuführen. Aus diesem Grund vermehrt sich das Geld auf diesen Konten nur geringfügig. Der Geldwert sinkt in der Tat sogar. Dies ist der Abgabepreis für die ständige Verfügbarkeit am Tag. Und abgesehen von den Negativzinsen gibt es kaum ein anderes Verlustrisiko. Der Saldo unterliegt weder Schwankungen noch wird die Einlagensicherung gefährdet.

Anlagehorizont: Sehr kurzfristig

Historische Rendite: Sehr gering

Risiko: Sehr gering

14.1.2 Das Sparbuch

Diese Variante der Geldanlage ist in Deutschland sehr beliebt. Ca. 40 % des gesamten deutschen privaten Vermögens befindet sich auf den sog. Sparbüchern. Diese differenzieren sich von den Giro- und Tagesgeldkonten in folgender Form: Hier wird das Geld in der Tendenz deutlich höher verzinst, dafür ist es im Gegenzug aber nicht so flexibel für Sie verfügbar. Die meisten Sparbücher unterliegen zudem einer Kündigungsfrist, welche gute drei Monate beträgt.

Wenn das Geld vorher Anwendung finden soll, ist eine Vorfälligkeitsentschädigung fällig. Diese Gebühr fällt allerdings nur dann an, wenn auch die jeweiligen Zinsen auf das Sparbuch fallen. Die Banken können in den Zeiten von sog. Nullzinsen auf solche Erstattungen verzichten. Das Sparbuch ist ebenso von der Einlagensicherung abgedeckt. Im Endeffekt ist das Sparbuch also eher eine Möglichkeit der Geldaufbewahrung, wirklich effektiv ist es nämlich nicht.

Anlagehorizont: Kurzfristig

Historische Rendite: Sehr gering

Risiko: Sehr gering

14.1.3 Die Renten- und Lebensversicherungen

Die Renten- und Lebensversicherungen stellen eine Möglichkeit der langfristigen Geldanlage dar. Jedoch können bei den Versicherungsbedingungen sowie bei den Gebühren der Produkte Fallstricke lauern. Sie müssen also Acht geben! Die Versicherungen, welche bereits vor über zehn Jahren abgeschlossen wurden, können auch noch heute positive und attraktive Renditen abwerfen. Demgegenüber stehen die neuen Verträge. Diese weisen oft geringere Garantiezinsen auf und bewegen sich zum Ende hin ebenso unterhalb der Inflationsrate. Weil die von Ihnen gewählte Versicherung Ihr Geld aber nur in von Ihnen vorbestimmten Formen investieren darf, ist die Sicherung der Gelder immer noch sehr hoch angesetzt.

Anlagehorizont: Sehr langfristig

Historische Rendite: Gering bis mittel

Risiko: Gering

14.1.4 Die Bausparverträge

Bei den Bausparversträgen steht gewöhnlicherweise der Erwerb einer Immobilie in dem Vordergrund. Diesbezüglich muss der Vertragsinhaber Geld einzahlen.

Die eigene Bewertungszahl setzt sich dabei aus der Einzahlungshöhe und der Dauer des Vertrags zusammen. Ist diese Kennziffer hoch genug, so darf der Inhaber des Bausparvertrags ebenso einen Kredit beziehen. Bis dato werden von den Bausparkassen Zinsen auf das Guthaben gezahlt. Anstelle eines Kredites kann der Inhaber alternativ auch bei der sog. Zuteilungsreife das Geld inklusive der Zinsen zurückerhalten. Dies kann besonders bei alten Verträgen durchaus sehr attraktiv sein, weil der Sparzins hier eher hoch und die Konditionen des Kredits eher uninteressant sind. Merken Sie sich: Die Bausparverträge als Geldanlage decken oft nur die derzeitige Inflation ab. Wenn die Zinsen sinken, verbessert sich die Situation der bestehenden Bausparverträge. Im Gegenzug verliert die Anlageform an Attraktivität, sobald die Zinsen wieder steigen.

Anlagehorizont: Langfristig

Historische Rendite: Gering bis mittel

Risiko: Gering

14.1.5 Die Aktien

Die Aktien und die Börse werden zum Teil als riskant hingestellt. Dabei entspricht dies nicht zwingend der Realität.

Die Aktien stellen eine Unternehmensbeteiligung dar. Mit dieser Beteiligung erhält der Aktionär im Unternehmen ein Mitspracherecht und das Recht an einem Gewinn in Form von einer Dividende oder in Form von Kurssteigerungen. Jedoch schwankt dieser Kurs der Aktien immer und kann selbstverständlich auch langfristig sinken, wenn eine Unternehmung z. B. nicht mehr rentabel wirtschaftet. Wegen der ausgesetzten Schwankungen sind die Aktien für eine langfristige Anlage geeignet. Es gibt kaum eine andere Anlageform, welche die langfristige und statistische Rendite der Aktie überbieten kann.

Die Börse stellt den Markt dar, an dem die Aktien gehandelt werden. Hier treffen sich Angebot und Nachfrage für das Handeln der Wertpapiere. Wenn eine Aktie aktuell sehr stark nachgefragt wird, steigt ihr Preis. Ist das Gegenteil der Fall und die Nachfrage sinkt, so sinkt auch der entsprechende Aktienkurs. Die Senkung hat somit also in erster Linie nichts mit dem Wert der Unternehmung zu tun. Eine Aktie kann je nach Kurs günstig oder aber auch teuer sein. Zur Ermittlung des tatsächlichen Wertes dienen verschiedene Verfahren. Hierauf wird aber nicht tiefer eingegangen. Sollten Sie sich für diese Anlageform entscheiden, haben Sie sich gründlich mit dem Thema auseinanderzusetzen und dann erst werden diese Kennziffern benötigt. Aber zur groben Übersicht reicht dieser geringere Umfang an Wissen zur Information vollkommen aus. Zusammenfassend gelten die Aktien wegen des Börsenhandels als sehr liquide. In einem kurzen Zeitraum können sie folglich gekauft und verkauft werden.

Anlagehorizont: Langfristig

Historische Rendite: Hoch bis sehr hoch

Risiko: Mittel bis hoch

14.1.6 Die Aktienfonds

Die Aktienfonds können ein geringeres Risiko als Einzelaktien bieten. Sie bestehen aus verschiedenen Aktien und Wertpapieren, die zusammen zu einem einzigen Wertpapier, dem sog. Fonds, gebündelt werden. In der Regel schwanken die Fonds weniger als die Einzelaktien, weshalb sie von einigen Investoren als risikoärmer eingestuft werden. Warum nur von wenigen? Weil sie die Performance einzelner und qualitativ hochwertiger Aktien nur selten erreichen.

Zusammengestellt werden die Fonds von der Fondsgesellschaft, die für die Verwaltung eine Gebühr verlangen wird. Für die passiven Fonds (kurz: ETF) fallen pro Jahr deutlich geringere Gebühren an, weil hier im Gegensatz zu den aktiven Fonds kein Manager für die Aktienauswahl herangezogen wird. Deswegen kann hier auch der Ertrag geringer ausfallen.

Die Fonds haben den Vorteil, dass Sie sich nicht weiter mit der Geldanlage zu beschäftigen haben. Die Verwaltung wird komplett von der Fondsgesellschaft übernommen und das Risiko streut auf mehrere Unternehmen. Sie müssen lediglich auswählen, in welche Fonds Sie investieren möchten.

Anlagehorizont: Langfristig
Historische Rendite: Mittel bis hoch
Risiko: Mittel bis hoch

14.1.7 Die Anleihen

Die Anleihen werden sowohl von Staaten als auch von Unternehmen ausgegeben. Immer wieder werden sie auch als Renten bezeichnet. Dabei gewährt der Herausgeber dem Käufer einer Anleihe praktisch einen Kredit. Dieser hat dann ein Recht auf Rückzahlung des geliehenen Betrages, dem Nennwert, und einen Anspruch auf die Zahlung der Zinsen. Je nachdem, wer die Anlage herausgibt, können sich der Zinssatz sowie das Risiko ändern. Üblich ist, dass Anleihen, die ein höheres Risiko für einen Ausfall darstellen, auch deutlich höhere Zinserträge versprechen. Sollte der Herausgeber Ihrer Anleihe sich als zahlungsunfähig erweisen, ist sogar ein Verlust Ihres Kapitals erdenklich.

Gegenüber den Aktien hat hier der Inhaber der Anleihe allerdings kein Recht zur Mitsprache an der Unternehmung. Zudem werden nur die Zinsen ausgezahlt, die im Voraus vereinbart wurden, auch wenn der Wert des Unternehmens steigen sollte. Dafür sind die Inhaber der Anleihen besser aufgestellt als Aktionäre, falls das Unternehmen die Insolvenz beantragen sollte.

Anlagehorizont: Langfristig
Historische Rendite: Niedrig bis hoch
Risiko: Niedrig bis hoch

14.1.8 Die Immobilien

Wenn Sie in Immobilien investieren wollen, wird ein gewisses Grundwissen erforderlich sein. Dieses kann aber auch sehr lukrativ sein. Als Objekt der Anlage wird hier eine Immobilie gekauft und anschließend vermietet. Hier bietet sich z. B. eine Wohnung oder ein Haus an. Die Kosten, bestehend aus den Steuern, den Kreditzinsen und den Rücklagen, haben Sie durch die Mieteinnahmen abzudecken, um eine positive und wirtschaftliche Rendite zu erwirtschaften.

Von allen Anlageformen ist bei dieser Geldanlage tendenziell der höchste Kapitaleinsatz gefordert. Einige Anleger aber arbeiten mit einer sog. Vollfinanzierung. Hier wird die gesamte Immobilie inkl. der anfallenden Nebenkosten finanziert. Allerdings kann dieses Vorgehen im Fall von Mietrückständen oder im Falle eines Leerstandes ein erhöhtes Risiko bedeuten.

Kaufen Sie allerdings eine Immobilie für den Eigenbedarf, so gilt dies nicht als Investition oder Geldanlage. Denn durch die Nutzung Ihrerseits verliert die Immobilie an Wert, sodass sie als Verbrauchsgegenstand anzusehen ist. Ein erfolgreicher Vermögensaufbau wird mit dem Erwerb einer selbst genutzten Immobilie allerdings nicht ausgeschlossen.

Anlagehorizont: Langfristig

Historische Rendite: Mittel

Risiko: Mittel

14.1.9 Die Edelmetalle

Schon sehr lange faszinieren Gold und Silber die Menschen. Die Edelmetalle gelten heute als sehr wertstabil und wurden bereits vor über tausend Jahren als Mittel zur Zahlung verwendet. Bei der Anlage in Edelmetallen haben Sie die Wahl zwischen dem materiellen Kauf und dem Kauf von Wertpapieren, welche den jeweiligen Kurs entsprechend abbilden. In beiden Fällen können Sie auf lange Sicht davon ausgehen, dass das Edelmetall einen Schutz vor der Inflation bietet. Da die Metalle gleichzeitig jedoch Phasen von Über- sowie Unterbewertungen erleben, ist eine stabile Rendite langfristig eher unwahrscheinlich. Dennoch dienen diese Edelmetalle ideal als Beimischung zu anderen Formen der Anlage.

Anlagehorizont: Langfristig

Historische Rendite: Gering

Risiko: Mittel

14.2 WIE KANN MAN DAS GELD RICHTIG ANLEGEN?

Wenn es um die Anlage von Kapital geht, gibt es nicht die eine richtige Geldanlage. An erster Stelle steht definitiv die Informationsbeschaffung, damit Sie eine Überforderung vermeiden. Neben Ratgebern und Schulungsprogrammen bietet es sich hier auch an, einen Experten, z. B. von der Bank, heranzuziehen. So sind Sie schon einigen Menschen einen Schritt voraus. Wie Sie dann jedoch genau Ihr Geld investieren, ist abhängig von unterschiedlichen Faktoren. Aber einige grundlegende Schritte sollten Sie dabei beachten. Die fünf wichtigsten Fragen werden nun aufgeführt.

14.2.1 Was ist Ihr Anlageziel?

Ihr Ziel der Anlage kann ebenso vielfältig sein wie die Möglichkeiten der Geldanlage. Machen Sie ein konkretes Ziel aus. Dies könnte sein:

- Altersvorsorge
Zeitraum: langfristig
Zielbetrag: klugerweise hoch

- Immobilien
Zeitraum: mittelfristig
Zielbetrag: fixer Wert

- Konsumausgaben, wie z. B. ein Urlaub oder ein Autokauf
Zeitraum: kurzfristig
Zielbetrag: fixer Wert

- Rücklagen für einen Notfall
Zeitraum: kurzfristig
Zielbetrag: fester Wert

14.2.2 Wie lange soll Ihr Geld angelegt werden?

Diese Frage ist eng verbunden mit der vorangehenden. Konkret gemeint ist hiermit der Zeitraum, in dem Sie ohne Probleme auf das von Ihnen angelegte Geld verzichten können. Dieser Punkt ist nicht außen vor zu lassen, weil einige Anlageprodukte einen Zeitraum brauchen, ehe sie erst richtig in Aufschwung kommen. Werden z. B. die Aktien oder die Anleihen zu einer ungünstigen Zeit weiterverkauft, so kann ein gravierender Verlust hieraus folgen.

Hier eine kleine Faustregel: In langfristige Anlageformen, wie z. B. in Aktien, sollte nur Geld angelegt werden, wenn diese länger als fünf Jahre von Ihnen gehalten werden können. Sollte Ihnen das Geld nur kurzfristig zur Anlage zur Verfügung stehen, sollten Sie eher auf das Tagesgeldkonto zurückgreifen und Ihr Geld dort verwahren.

14.2.3 Einschätzen der eigenen Risikotoleranz

Hier müssen Sie selbst einschätzen, mit welchem Anlagerisiko Sie noch gut schlafen können. Eine riskante Geldanlage ist nicht zu empfehlen, wenn Sie bereits bei einem geringfügigen Kursrückgang panisch reagieren werden. Bedenken Sie auch, dass sich all die Risikotoleranzen im Laufe der Zeit verändern können. Möglicherweise wird dann auch eine Veränderung bei Ihrer Geldanlage erforderlich sein.

14.2.4 Wie viel Geld steht Ihnen zur Verfügung?

Selbstverständlich spielt auch der Betrag, welcher investiert werden soll, eine Rolle. Machen Sie sich Gedanken darüber, ob Sie einmalig einen Betrag anlegen wollen, ob Sie in monatlichen Raten sparen oder ob eine Kombination aus beidem für Sie in Frage kommt. Wenn Ihnen z. B. kein hoher Betrag frei zur Verfügung steht, so wird eine Geldanlage in eine Immobilie nur schwer umsetzbar sein. Auch die Anleihen werden zum Teil mit einem hohen Nennwert gehandelt, die zugleich ja auch den Mindestbetrag für die Investition vorgeben. Es macht ja keinen Sinn, einen Kredit aufzunehmen, um an einer Geldanlage teilzuhaben, da hiermit auch immer ein Ausfallrisiko verbunden ist. Nicht, dass Sie am Ende mit Schulden dastehen. Bei Aktien und Fonds besteht die Möglichkeit, Sparpläne zu nutzen. Hier sind im Grunde kleine Beträge vollkommen ausreichend, um mit der Investition starten zu können.

14.2.5 Wie hoch sind die zu erwartenden Kosten?

Nun zu den Kosten. Schauen Sie sich genau die Kostenaufstellung an, ehe Sie dem Produkt und dem Service zustimmen. Einige Gebühren werden offen und klar angegeben, andere hingegen werden versteckt. Alle haben die Absicht, Ihre Rendite zu mindern. Wichtig ist daher, dass Sie zu Beginn erst mal alle Ihre Schulden abbauen. Informieren Sie sich anschließend ausführlich und streuen Sie Ihr Risiko gezielt, indem Sie nicht alles auf eine Karte setzen. Hier wird Ihnen eine Tür in eine vollkommen neue Welt geöffnet. Haben Sie viel Spaß!

15. Hundetraining

In diesem Kapitel geht es um das Hundetraining. An erster Stelle möchte ich darauf hinweisen, dass das Hundetraining nicht mit der Hundeerziehung zu verwechseln ist. Bei der Hundeerziehung geht es z.B. darum, einen Hund stubenrein zu bekommen. Diese Thematiken werden hier nicht weiter behandelt.

Für ein angenehmes Zusammenleben mit einem treuen Gefährten ist die richtige Erziehung entscheidend. Die Erziehung beginnt mit dem Welpen, hört aber nicht bei dem ausgewachsenen Hund auf. Ein gezieltes Hundetraining ist wichtig, damit der Hund das Gehorchen lernt. Erinnern Sie Ihr Haustier an das Gelernte und weisen Sie Grenzen auf. Hier erfahren Sie, wie das Training richtig Spaß machen kann.

15.1 DAS KNURREN

Wenn Ihr Hund Sie anknurrt, ist das Verhältnis sehr angespannt. Tun Sie nichts Unüberlegtes. Vermeiden Sie Hektik und Bestrafungen. Ihr Hund knurrt vermutlich, weil er Angst hat oder mit einer Situation überfordert ist. Hierbei geht es um eine Warnung. Gehen Sie in solch einer Situation langsam ein paar Schritte zurück. Geben Sie gewohnte Signale, damit er sich wohler fühlt. Wenn Sie gerade keinen Ausweg sehen, dann gehen Sie weg und lösen Sie die Konfliktsituation auf. Sollte es häufiger zu einem Knurren kommen, dann sollten Sie ein Training angehen. Vermeiden Sie Situationen, die den Hund überfordern. Wichtig ist auch, dass Sie darüber Bescheid wissen, was Ihr Hund alles mag und was nicht. Beobachten Sie den Vierbeiner in diesen Situationen. Schon bevor er zu knurren beginnt, sendet er Signale. Aber mit gewissen Situationen muss er einfach klarkommen. Wenn er z. B. eine Bürste anknurrt, geben Sie dem Hund Zeit für das Schnüffeln und üben Sie die entsprechenden Situationen mit ihm. Zeigen Sie, dass gewisse Gegenstände harmlos sind. In diesem Beispiel können Sie Ihren Hund während und nach dem Bürsten streicheln. Nehmen Sie Ihrem Haustier die Angst.

15.2 DAS BELLEN

Das Bellen ist ein wichtiger Bestandteil der Kommunikation. Dieses kann einen belanglosen Grund haben, aber Ihr Hund kann Sie so auch vor Gefahren warnen. Auch Aufregung, Angst, Langeweile und Angewohnheit sind mögliche Ursachen. Verknüpfen Sie die Angewohnheit einfach mit spielerischen Aktivitäten. Setzen Sie ein Befehlswort ein und belohnen Sie Ihren Hund, wenn diese Handhabung funktioniert. Am besten kennen Sie Ihren Hund so gut, dass Sie das Befehlswort aussprechen, ehe es zu dem Bellen kommt. Wenn Sie keinen Erfolg haben, ist es hilfreich, einen Hundetrainer heranzuziehen, um z. B. die konkrete Ursache ausmachen zu können, damit entsprechend reagiert werden kann.

15.3 DAS ANSPRINGEN

Hunde nutzen das Anspringen als Begrüßungsritual, um „Hallo" zu sagen. Eine solche überschwängliche Geste kommt aber nicht jedem entgegen. Wie Sie Ihrem Hund dieses Verhalten abgewöhnen können, erfahren Sie hier.

15.3.1 Bei Welpen

Welpen lernen schnell. Nutzen Sie dieses Wissen. Wenn Ihr Hund Sie das nächste Mal anspringt, reagieren Sie weder positiv noch negativ. Schauen Sie die Fellnase nicht an und vermeiden Sie jegliche Aufmerksamkeit. Drehen Sie sich vom Welpen weg und machen Sie einen Schritt zurück. Begrüßen Sie Ihren Hund, wenn er mit allen vier Pfoten auf dem Boden steht. Wenn er sofort wieder hochspringt, ignorieren Sie ihn erneut. Ihr Hund wird schnell begreifen, wie er sich zu verhalten hat, um Zuwendung zu bekommen.

15.3.2 Bei ausgewachsenen Hunden

Hier gehen Sie zunächst, wie im Kapitel „Bei Welpen" beschrieben, vor. Sollten Sie hier scheitern, bieten sich Alternativen. Kommt Ihr Hund auf Sie zugelaufen und deutet an, dass er hochspringen möchte, dann sagen Sie mit fester Stimme „Sitz" oder „Platz". Wenn dies erfolgreich ist, loben Sie Ihren Hund. Auf diese Weise üben Sie, dass Ihr Hund Sie zukünftig im Liegen oder Sitzen begrüßt.

15.4 DAS ANKNABBERN

Vielleicht kennen Sie das: Kaum haben Sie das Haus verlassen, kommt das Kaubedürfnis zum Vorschein. Dies kann auf verschiedene Ursachen zurückgeführt werden. Befindet sich Ihr Hund gerade im Zahnwechsel, dann bieten Sie ihm Kauspielzeuge oder Kauknochen an. Sind diese zusätzlich gekühlt, lindert es zudem ein wenig die Schmerzen.

Wenn Ihr Hund hingegen ein Energiebündel ist, dann sorgen Sie dafür, dass er ausreichend Bewegung bekommt, ehe Sie das Haus verlassen. Andere Hunde knabbern an Gegenständen, um Langeweile vorzubeugen. Hier können Sie ihm spannende Beschäftigungsmöglichkeiten anbieten. Wie wäre es mit Intelligenzspielzeugen? Auch Kauspielzeug ist hilfreich.

15.5 DAS BUDDELN

Ob im Garten oder bei dem Spaziergang – die Hunde lieben das Buddeln. Egal, ob sie eine Beute auffinden wollen oder es sich gemütlich machen wollen, die Gründe sind vielfältig. Finden Sie die Ursache heraus, um eine individuelle Lösung herbeiführen zu können. Geduld ist dabei eine Voraussetzung.

15.5.1 Die Buddelstelle

Wenn Sie die Möglichkeit haben, bieten Sie Ihrem Hund eine Stelle für das Buddeln an. Schließlich entspricht das Buddeln auch dem natürlichen Verhalten und Bedürfnis eines Hundes. Wenn dies nicht umsetzbar ist, seien Sie konsequent. Mehr dazu im nächsten Unterkapitel.

15.5.2 Das Verbieten

Wenn Ihr Hund das nächste Mal an einer unerwünschten Stelle buddelt, sagen Sie mit lauter und fester Stimme „Nein“. Danach lenken Sie ihn mit einem Spiel oder einer Herausforderung ab und loben ihn bei erfolgreicher Bewältigung der Tätigkeit. Dieses Muster müssen Sie vermutlich einige Male wiederholen, ehe Ihr Vierbeiner das Buddeln unterlässt.

15.6 DAS ANTIJAGD-TRAINING

Ihr Hund entdeckt eine Katze, einen Hasen oder ein Reh und ist daraufhin direkt auf und davon? Nun, damit stehen Sie nicht allein da. Der Hund ist ein Beutegreifer. Er fokussiert sich auf seine Beute und nimmt weder Ihr Rufen noch Ihr Pfeifen wahr. Gefährlich wird es, wenn er Autos und Menschen außer Acht lässt und bis zur Erschöpfung rennt, was einen Herzinfarkt zur Folge haben kann. Dieser Jagdinstinkt lässt sich nicht abtrainieren, allerdings ist es mithilfe von Gehorsamsübungen und Bindungstraining möglich, Ihren Hund kontrolliert jagen zu lassen.

15.6.1 Die Grundgehorsamkeit

Entscheidend ist im Grunde nur, dass Ihr Hund alle Grundkommandos wie „Sitz", „Platz", „Bleib", „Bei Fuß" und „Aus" beherrscht. Loben Sie Ihren Hund mit Leckerlies, intensivem Kuscheln oder Spielzeug und üben Sie fleißig.

15.6.2 Die Beschäftigung

Hunde wollen beschäftigt werden. Dazu gehören die geistige und körperliche Auslastung. Gewinnen Sie bei den Spaziergängen die Aufmerksamkeit Ihres Hundes, indem Sie sich verstecken, wenn Ihr Vierbeiner sich von Ihnen entfernt. Auf Dauer wird Ihr Hund regelmäßig prüfen, ob Sie in dieselbe Richtung laufen. Der verstärkte Augenkontakt und die Rückversicherung stärken die Bindung zu dem Hund.

15.6.3 Die Schleppleine

Ihre Gehorsamsübungen und die Ihnen zugeteilte Aufmerksamkeit sorgen dafür, dass Sie gegenüber der Beute eine höhere Aufmerksamkeit erhalten. Loben Sie Ihren Hund ausgiebig, wenn er gehorcht. Für den Notfall bietet es sich allerdings an, eine Schleppleine sowie eine Hundepfeife mitzunehmen. Mit der Leine haben Sie Ihren Hund gerade in der Anfangszeit besser unter Kontrolle und mit der Pfeife können Sie größere Distanzen überbrücken.

15.7 DIE LEINENFÜHRIGKEIT

Für einen entspannten Spaziergang ist es entscheidend, dass Ihr Hund nicht an der Leine zerrt. In der Regel verbessert sich dieses Verhalten mit dem Alter. Wenn nicht, dann sind Sie hier in diesem Kapitel absolut richtig. Suchen Sie sich am besten einen ruhigen Ort für Ihren Spaziergang aus, an dem Ihr Hund weniger Reizen ausgesetzt ist. Legen Sie ein langsames Tempo ein und bleiben Sie konstant stehen, sobald Ihr Hund an der Leine zieht. Hört der Vierbeiner nicht auf, so schlagen Sie eine andere Richtung ein. Gerne können Sie auch Signale wie „Bei Fuß“ und Leckerlies mit einbringen. Wichtig ist, dass Sie ein geeignetes Hundegeschirr verwenden, um Verletzungen vorzubeugen, und starke Rucke sollten vermieden werden. Außerdem sollten Sie keine kurzen, eintönigen und stressigen Spaziergänge anstreben.

15.8 DAS APPORTIEREN

Bei dem Apportieren geht es darum, dass Ihr Hund Ihnen mögliche Gegenstände bringt. Dabei kann es sich um die verschiedensten Dinge handeln, wie z. B. Stöckchen, Dummys etc. Das Apportieren kann man grundsätzlich jedem Hund aneignen. Wichtig ist, dass dieser weiß, dass es sich auszahlt. Beginnen Sie mit einer Schleppleine. Später, wenn Sie diese weglassen, können Sie die Entfernung Schritt für Schritt maximieren. Viel Spaß!

15.9 DER FUTTERNEID

Wenn der Hund knurrt, sobald Sie sich dem Napf nähern, möchte dieser seine Ressourcen schützen. Er befürchtet, dass Sie ihm den Leckerbissen streitig machen. Grund dafür ist meist ein Fütterungsfehler.

15.9.1 Entsprechende Maßnahmen

Wichtig ist, dass Sie jedem Haustier einen eigenen Futternapf zur Verfügung stellen. So entspannt Ihr Haustier bei dem Fressen. Auch sollten Sie einem Hund das Futter nicht wegnehmen. Geben Sie ihm stattdessen von Beginn an die richtige Positionierung.

15.9.2 Tipps

Richten Sie für Ihren Vierbeiner feste Futterzeiten ein. Ihren Hund sollten Sie immer am selben Ort bei einer ruhigen Atmosphäre füttern. Hunde sind Gewohnheitstiere. Ihr Hund lernt, Ihnen zu vertrauen, und fühlt sich am Futterplatz sicher.

15.10 HUND UND KATZE

Die Hunde passen sich an die Gewohnheiten des Besitzers an und ordnen sich unter. Katzen hingegen sind schwer zu dominieren, da sie eher Einzelgänger sind. Trotz dieser unterschiedlichen Charaktere können die beiden Tiere problemlos miteinander leben. Es ist nur eine Frage der Gewöhnung.

15.10.1 Schritt für Schritt

-> Wichtig ist, dass beide Haustiere ihren eigenen Rückzugsort haben. Und bevor die beiden das erste Mal aufeinandertreffen, sollten Sie Ihren Hund und Ihre Katze mit dem jeweiligen Geruch des anderen vertraut machen, z. B. mithilfe einer Decke.

-> Das erste Treffen sollte dann nicht länger als 10 bis 15 Minuten andauern. Achten Sie darauf, den Hund anzuleinen. So kann die Katze auf den Hund zugehen. Das ist sehr wichtig. Halten Sie für beide Tiere Leckerlies bereit. Auch Streicheleinheiten verstärken die Assoziation positiv. Bleiben Sie ruhig und sorgen Sie für eine angenehme Atmosphäre. Lärm sollte vermieden werden. Wenn Sie merken, dass einer der beiden Vierbeiner eine aggressive Haltung einnimmt, sollten Sie das Treffen direkt beenden.

-> Letzen Endes haben Sie viel Geduld mitzubringen, um einen Erfolg zu erzielen.

16. Immunsystem

Das Immunsystem schützt Ihren Körper vor Schadstoffen und Eindringlingen. Dazu nutzt es unterschiedliche Abwehrmechanismen. Wie das alles funktioniert und wie Sie Ihr Immunsystem erfolgreich stärken können, erfahren Sie hier.

16.1 ALLES RUND UM DEN AUFBAU

Das Abwehrsystem gegen fremde Stoffe und Keime ist wichtig, da sich der Körper ständig mit der Umwelt austauscht. Und dort sind viele Bakterien, Pilze, Viren und Parasiten vorhanden. Wenn diese in den Körper eindringen, können lebensgefährliche Infektionen die Folge sein.

Dabei umfasst das System zur Abwehr mehrere Organe, Zellen und Eiweiße. Dazu gehören:

- Enzyme im Speichel, Urin und Tränen
- Schleim der Nase
- Die Säure im Magen
- Mikroorganismen auf der Haut
- Reflexe wie Niesen oder Husten
- Knochenmark zur Bildung von Blutzellen
- Mandeln
- Darm
- Und vieles mehr

Dringen nun Erreger in den Körper ein, so können diese als Erstes z. B. mithilfe der Enzyme oder Reflexe abgewehrt werden. Sollte dieser erste Schritt nicht ausreichen, so werden Zellen auf den Plan gerufen. Zur Entwicklung der Schlagkraft ist allerdings oft viel Zeit erforderlich. Die Zellen werden aktiv und bringen sich in Stellung. Es werden Antikörper gebildet, die an den Erreger andocken und diesen so zerstören. Je nachdem, wie schwer der Fall ist, können bei Ihnen Begleiterscheinungen wie Schnupfen, Fieber, Durchfall etc. auftreten. Oft bekommen wir selbst von den Handlungen aber gar nichts mit. Was auch interessant ist: Sollte es zur wiederholten Infektion mit den gleichen Erregern kommen, so kann Ihr Abwehrsystem bei dem nächsten Mal schneller reagieren.

16.2 STÄRKUNG DES IMMUNSYSTEMS

Im Laufe der Zeit kann Ihr Immunsystem abschwächen. Dies kann unterschiedliche Gründe haben. Auch ein hohes Lebensalter oder chronische Erkrankungen können eine Ursache sein. Ist die Abwehr abgeschwächt, können Erreger leichter in Ihren Körper eindringen, sich vermehren und sich ausbreiten. Die Folge ist, dass Sie häufiger krank sind. Weitere Anzeichen können aber auch Müdigkeit, Allergien, Haarausfall oder Hautirritationen sein.

Nun geht es darum, Ihr Immunsystem zu stärken. Was können Sie tun bzw. was ist wichtig?

- ✓ Ausreichende Bewegung
- ✓ Ausgewogene Ernährung mit Vitaminen, Mineralstoffen und Spurenelementen
- ✓ Impfungen können die natürliche Abwehr stärken
- ✓ Unterstützung durch pflanzliche Mittel
- ✓ Entspannung
- ✓ Erholsamer Schlaf
- ✓ Ausreichendes Trinken von Wasser

17. Joggen

Sobald der Frühling einmarschiert, zieht es viele Menschen nach draußen in die Natur. Genau jetzt ist der richtige Zeitpunkt gekommen, um mit dem Joggen zu beginnen. Im Winter gehen schließlich nur die hartgesottenen Läufer für das Training nach draußen. Wie Sie perfekt in das neue Laufjahr starten, lesen Sie hier.

17.1 DER RICHTIGE START

Wenn Sie noch nie Sport getrieben haben oder eine längere Pause eingelegt haben, ist oft ein Gesundheitscheck bei Ihrem Hausarzt sinnvoll. So stellen Sie sicher, dass Ihnen das Training wirklich nicht wehtut. Treten Sie am besten einem Lauf-Club bei. Dort sagen Ihnen die motivierten Läufer, worauf Sie achten müssen. Der häufigste Fehler von Anfängern ist, zu schnell zu viel zu wollen. Entwickeln Sie einen geeigneten Trainingsplan. Starten Sie langsam mit simplen Trainingseinheiten, ehe Sie sich nach und nach steigern. Halten Sie sich an die Vorgaben – auch wenn Sie lieber jeden Tag laufen. Das Bauen erfordert nun mal Geduld. Laufpausen aufgrund von Überspannungen sind frustrierend!

17.2 DIE AUSWIRKUNGEN AUF IHREN KÖRPER

Selbstverständlich bietet das Laufen für den Körper viele positive Auswirkungen:

- Kräftigung der Herzmuskel
- Steigerung der Leistungsfähigkeit
- Energiegeladeneres Gefühl
- Besserer Schlaf in der Nacht
- Stärkung des Immunsystems
- Ansporn für die eigene Kreativität

Aber Achtung:

-> Wenn Sie zu schnell zu viel wollen, kann dies nach hinten losgehen. Das Herz-Kreislauf-System passt sich viel schneller an als unterstützende Geräte mit Muskeln, Bändern und Sehnen. Sie müssen ihnen Zeit geben, sich an den erhöhten Druck anzupassen. Gute Dinge brauchen Zeit! Zu viel Ehrgeiz führt oft zu Unterbrechungen im Joggen.

-> Männer und Frauen ignorieren gerne mal körperliche Signale und trainieren auf dem gleichen Niveau. Falsches Gerät – aber das ist relativ? Nun, da liegen Sie falsch. Auch Menschen mit einem langsamen Start werden in gewöhnlichen Sportschuhen ihre ersten Erfolge erzielen. Wir hatten in der Vergangenheit keine Hightech-Produkte – und dennoch konnte ein Erfolg erreicht werden. Wenn Sie jedoch vom Lauffieber geplagt werden, empfehle ich Ihnen, ein Paar geeignete Laufschuhe zu kaufen. Es macht Sie zudem auch stolzer hinsichtlich des anstehenden Laufens.

17.3 DEN ERFOLG BEMERKEN

Sie werden schnell merken, wenn Sie einen Erfolg haben. Sie fühlen sich ausgeglichener und haben mehr Energie für Familie und Beruf. Sie schaffen auf Dauer eine längere Strecke und sind erst später aus der Puste. Hinzu kommt, dass Sie mit einem regelmäßigem Training Ihren Blutdruck senken können und Ihr Gewicht besser unter Kontrolle haben.

17.4 DIE MOTIVATION

Das schwächere Selbst ist ein häufiger Gast bei allen Läufern. Es hat immer einen Grund parat, warum man heute nicht laufen sollte: Das Wetter, leichter Regen, müde Beine, wunderschöne TV-Shows und vieles mehr. Der Kampf wird zu Beginn schwierig sein, aber Sie werden den Ring zunehmend als Sieger verlassen und es Ihrem schwächeren Selbst beweisen. Manchmal hilft es, die Motivationsgründe zu berücksichtigen. Dann läuft es (fast) von selbst. Wenn Sie nicht jeden von ihnen einholen können, vereinbaren Sie doch bitte einen Termin mit einem Laufpartner. So steigt Ihre Motivation und die Wahrscheinlichkeit, dass Sie joggen gehen, steigt immens. Die Möglichkeit, dass Sie diese Übung überspringen, ist vernachlässigbar. Schreiben Sie die Anzahl der Trainingstage auf ein Blatt Papier und kleben Sie es dann an den Kühlschrank oder Badezimmerspiegel. Aus Erfahrung plant man am besten drei feste Tage ein. Wer plant, in der nächsten Woche drei Mal sonntags zu laufen, wird die Trainingseinheiten höchstwahrscheinlich verschieben, bis sie am Ende komplett in das Wasser fallen.

Für eine Weile habe ich nachts meine Laufsachen vorbereitet und neben das Bett gelegt. Als ich dann morgens darüber stolperte, wusste ich, was auf dem Programm stand. Auch die Belohnungen sind sehr attraktiv: Wenn ich diese Woche drei Mal laufen kann, gibt es am Wochenende süße Überraschungen oder andere Dinge, die einem gefallen. Wenn es mir schwerfällt, aufzustehen, laufe ich oft mit Musik. Ich habe zwei Fliegen mit einer Klappe geschlagen. Musik lenkt ab. Dies kann jedoch je nach Rundenzahl gefährlich werden, da man andere Verkehrsteilnehmer, wie Autos, Radfahrer oder Hunde, kaum oder gar nicht sieht bzw. einfach nicht mehr wahrnimmt.

Und es ist wichtig, zu wissen, dass selbst erfahrene Läufer manchmal 10 bis 15 Minuten brauchen, um ein gutes Gefühl zu haben, ehe das Lauftraining richtig Spaß macht.

17.4.1 Aufrechterhalten der Motivation

Um Ihre Motivation aufrechtzuerhalten, gibt es verschiedene Maßnahmen. Vielleicht ist für Sie ja etwas Passendes dabei?

- Nehmen Sie an einem Laufevent oder an einem Lauftreff teil.
- Führen Sie ein Lauftagebuch mit Ihren Trainingsdaten. So haben Sie Ihre Verbesserungen stets im Blick.
- Trainieren Sie mit einem Trainingsplan und mit fixen Laufzeiten.

---

18. Lerntechniken

Vielleicht geht es Ihnen ja genauso: Sie können sich nicht auf das Lernthema konzentrieren, werden schnell abgelenkt und bringen immer wieder unzufriedene Leistungen mit nach Hause. Dann sind Sie hier absolut an der richtigen Adresse!

18.1 DIE BESTEN LERNTECHNIKEN

Ehe Sie sich für eine Lerntechnik entscheiden, sollten Sie sich einen Überblick über diese verschaffen. Schließlich ist nicht jede Technik auf jeden Schwerpunkt anzuwenden. Um Ihr Wissen zu transferieren, schauen Sie sich doch die nachstehenden Methoden an, um einen Lernerfolg hervorzurufen. Gerne können Sie auch mehrere Techniken ausprobieren und testen.

18.1.1 Die Loci-Methode

Bringen Sie bekannte Orte mit dem Gelernten in Verbindung. Wenn Sie sich z. B. eine bestimmte Reihenfolge einprägen müssen, so können Sie im Geiste eine bestimmte Route entlanggehen. Jedem Zwischenstopp können Sie dann gezielt Informationen zuordnen.

18.1.2 Die ABC-Technik

Bei dieser Technik geben Ihnen die Schriftzeichen unseres Alphabets den genauen Aufbau vor. Sie ordnen jedem einzelnen Buchstaben ein ganz bestimmtes und individuelles Bild mit dem passenden Anfangsbuchstaben zu. Dies eignet sich besonders bei dem Lernen von Vokabeln.

18.1.3 Regelmäßige Wiederholungen

Wiederholen Sie Ihren Stoff in regelmäßigen Abständen. So manifestiert sich das Gelernte im Langzeitgedächtnis.

18.1.4 Inhalte verstehen

Wichtig ist, dass Sie Ihre Unterlagen nicht nur auswendig lernen, sondern auch verstehen. Wenn Sie Handlungen nachvollziehen können, können Sie sich diese besser merken und sie auch auf ganz komplizierte Fragen beziehen.

18.1.5 Verbildlichung

Versuchen Sie, den Lernstoff zu visualisieren. Ordnen Sie jedem Wort ein Bild zu. Hierzu eignen sich auch Organigramme und Mindmaps als Unterstützung.

18.1.6 Die Karteikarten

Diese Methode eignet sich besonders, wenn Sie Begriffsdefinitionen erlernen wollen. Es gibt spezielle Boxen, die Sie nutzen können, um ein System zu erlangen. Sie können sie aber auch lose in der Hand halten und jederzeit an jedem Ort durchgehen.

18.1.7 Die Mindmap

Die Mindmap zentriert ein Thema, von dem dann einzelne Unterpunkte in Form von Ästen abgehen. So können Sie Ihre Gedanken perfekt ordnen.

18.1.8 Listen erstellen

Mithilfe von Listen können Sie eine gewisse Struktur in Ihren Lernstoff bringen. Eine Vereinfachung kann in Form von Stickpunkten erfolgen.

18.1.9 Der Gedächtnispalast

Die Technik ist ähnlich wie die Loci-Methode. Hier stellen Sie sich ein Gebäude vor. Der Basisstein besteht aus den entscheidenden Grundinformationen. Details, die über den Stoff hinaus gehen, werden auf dem Dachboden verortet. In Ihrer Prüfung durchlaufen Sie dann gedanklich Ihren Gedächtnispalast. Das Abrufen der Inhalte wird Ihnen leichter fallen.

18.1.10 Die SQR3-Technik

Wenn Sie schwere wissenschaftliche Texte gut erschließen wollen, beginnen Sie mit den Überschriften. Lesen Sie diese und machen Sie sich Gedanken über den möglichen Inhalt. Anschließend gehen Sie jedes Kapitel mit einem Textmarker durch und fassen es zusammen. Am Ende können Sie den gesamten Text inhaltlich gut erklären. Probieren Sie es aus!

19. Marke des Unternehmens

Sie arbeiten in einem Unternehmen und wollen eine neue Marke entwerfen? Nun, dann sind Sie hier an dieser Stelle genau richtig angekommen. Die Markenpolitik hat eine Differenzierungs- und Identifikationsfunktion bezüglich der Produktpersönlichkeit, z. B. in Bezug auf die Verpackung und/oder Qualität. Denken Sie mal darüber nach. Womit verbinden Sie welche Marke? Dann wird Ihnen das große Ausmaß bewusst. Alle Markenartikel entstehen durch eine Produktmarkierung. Zu den Merkmalen gehören eine unveränderte bzw. verbesserte Qualität, ein hoher und zielgruppenspezifischer Bekanntheitsgrad, eine Verbraucherwerbung sowie eine gleichbleibende Aufmachung, gleichbleibende Preise und Mengen etc. Hier helfe ich Ihnen, bewusst eine effektive Strategie zu entwickeln.

19.1 GESCHÜTZTES ZEICHEN ZUR WIEDERERKENNUNG

Hier steht Ihre Kreativität besonders im Fokus. Lassen Sie sich inspirieren und sammeln Sie Ideen für die Darstellung Ihrer eigenen Marke. Im Folgenden werden die verschiedenen Arten von Marken aufgelistet.

- Wortmarke: Ihr Zeichen besteht aus einem Wort.
- Buchstabenmarke: Für Ihre Marke wählen Sie einen Buchstaben oder eine Buchstabenkombination.
- Bildmarke: Hier verwenden Sie lediglich ein Bild oder ein Symbol als Marke.
- Zahlenmarke: Nutzen Sie Zahlen, um Ihre Marke zu individualisieren.
- Wort-Bild-Marke: Hier kombinieren Sie ein Wort mit einem Bild.
- Dreidimensionale Marke: Eine dreidimensionale Form als Markenwiedererkennung ist etwas ganz Besonderes.
- Farbe/Farbkombinationen: Nutzen Sie konkrete Farben, die Ihre Kunden mit dem Produkt in Verbindung bringen sollen.
- Hörmarken: Nutzen Sie eine bestimmte Melodie, mit der Sie werben möchten.

19.2 VERSCHIEDENE MARKENSTRATEGIEN

Neben der Markenentwicklung müssen Sie sich natürlich auch mit der Markenstrategie auseinandersetzen. Hierbei sollen Sie sich überlegen, wie viele Marken Sie auf wie viele Produkte anwenden. Dabei ist die Handlungsweise ganz Ihnen überlassen. Ihnen sind keine Grenzen gesetzt.

- Einzelmarkenstrategie: Bei dieser Strategie wählen Sie für jedes Produkt eine Marke.
- Markenfamilienstrategie: Hier werden mehrere Produkte unter einer Marke vertrieben.
- Dachmarkenstrategie: Eine Marke umfasst alle Ihre Produkte.
- Mehrmarkenstrategie: Hier entwickeln Sie für jedes gleiche Marktsegment mehrere Marken.
- Markttransparenzstrategie: Bei dieser Strategie wird eine Produktmarke von anderen Produkten übernommen.

19.3 DIE MARKENBEKANNTHEIT

Die Markenbekanntheit zeigt die Stelle der Marke im Markt. Je besser die Markenerkennung und -erinnerung sind, desto besser wird sich Ihre Marke an dem Markt positionieren können. Wenn z. B. einer Ihrer Markenartikel einen guten Ruf hat, spricht man von einem Markenimage. Dabei geht es um eine vorteilhafte, starke und einzigartige Markenassoziation.

So eine Marke bietet aber nicht nur Vorteile für den Hersteller, sondern tatsächlich auch für den Kunden. Gerne biete ich Ihnen an dieser Stelle eine gute tabellarische Übersicht.

Vorteile Hersteller	Vorteile Kunden
- Starke Kundenbindung - Wertsteigerung des Unternehmens - Präferenzbildung	- Erleichterte Identifikation - Hilfe als Orientierung - Vertrauen in Bezug auf die Bekanntheit

- Differenzierung von der Konkurrenz - Stabile und sichere Plattform für neue Produkte	- Sicherheit bzgl. Qualitätsvermutung - Image- und Prestigefunktion im sozialen Umfeld

20. Marktstellung des Unternehmens

Jeder Unternehmer verlangt danach: Nach einer guten Marktstellung und damit verbunden nach einem hohen Umsatz. Aber bis dahin ist es ein weiter Weg. Die wichtigste Voraussetzung für eine lobenswerte Stellung am Markt ist das entsprechende Marketing. Passen Sie gut auf und beweisen Sie sich in der Zukunft auf Ihrem Absatzgebiet.

20.1 MARKETINGGRUNDLAGEN

Warum brauchen wir überhaupt Marketing? Früher herrschte ein Nachfrageüberschuss. Die Nachfrage war hoch und das dazugehörige Angebot knapp. Der Engpass lag in der Beschaffung und in der Produktion. Heute hingegen wird der Markt vom Angebotsüberschuss geleitet. Die Nachfrager haben eine große Auswahl an Produkten. Damit der Kunde gerade zu Ihrem Produkt greift, ist eine entsprechende Werbung von Nöten.

20.1.1 Was ist Marketing?

Bei dem Marketing werden zu Beginn Marketingziele formuliert, aus denen anschließend Marketingstrategien abgelesen werden können. Wichtig ist, dass diese realisierbar, messbar und zeitlich abgrenzbar sind. Hier geht es dann konkret um die Segmentierungs- und Positionierungsstrategie. Aber dazu folgt später mehr. Mithilfe der Marketinginstrumente sollen diese Ziele verwirklicht werden. Zu den Marketinginstrumenten gehören die folgenden vier Positionen, die zusammen den Marketingmix ausmachen:

- Produktpolitik: Hierzu gehören die Produktinnovation, die Produktvariation, die Produktdifferenzierung, die Produktelimination, die Verpackungsgestaltung, die Markenwahl, der Service und die Wartung. Sollten Sie über das Thema „Produktpolitik“ mehr lesen wollen, dann schauen Sie gerne im Kapitel „Produktstellung des

Unternehmens" nach. Zu dem Punkt „Markenwahl" werden weitere Informationen im Kapitel „Marke des Unternehmens" geboten.

- Preispolitik: Zu der Preispolitik zählen die Preisbestimmung, die Preisstrategien und die Konditionen. Hier können Sie sich an den Selbstkosten, an der Konkurrenz und an den Kunden orientieren. Wichtig ist, dass ein positiver Deckungsbeitrag vorliegt. Dieser trägt zu der Deckung der Fixkosten bei und führt somit zu einem Gewinn. Überlegen Sie sich, ob Sie einen Hochpreis, den Marktpreis oder einen Promotionspreis einführen wollen. Weiter können Sie natürlich kreativ sein, indem Sie Preisdifferenzierungen vornehmen. So kann das Produkt in unterschiedlichen Regionen, zu unterschiedlichen Jahreszeiten, für unterschiedliche Personengruppen, bei hohen Abnahmemengen oder bei unterschiedlichen Verwendungszwecken immer für andere Preise angeboten werden.

- Distributionspolitik: Die Logistik und die Absatzkanäle bilden die wesentlichen Punkte dieses Instrumentes. Überlegen Sie sich nachhaltige und kostengünstige Transportmittel und machen Sie sich Gedanken darüber, von welchen Orten aus man bei Ihnen einkaufen kann.

- Kommunikationspolitik: Die Kommunikationspolitik umfasst die Werbung, die Öffentlichkeitsarbeit sowie die Verkaufsförderung. Ihr Produkt soll die Aufmerksamkeit und das Interesse der Kunden bewirken und eine Kaufhandlung auslösen. Planen Sie dazu Ihre Werbung ausgiebig, z. B. im Hinblick auf Preis, Ort und Zeit der Ausstrahlung. Um den Kaufakt voranzutreiben, können Sie Produktproben, Werbegeschenke, Kataloge, Kundenclubs etc. einführen. Auch die Öffentlichkeitsarbeit ist hilfreich, um das Image zu pflegen und Informationen bereitzustellen. Ideal sind Messen, Pressemitteilungen und auch die sozialen Medien.

Diejenige Gestaltung und Kombination der absatzpolitischen Instrumente, durch die die größtmögliche Wirkung erzielt wird, wird als optimaler Marketingmix bezeichnet. Nachdem dieser passende Marketingmix entworfen wurde, folgt dann das Marketingcontrolling. Ein Soll-Ist-Vergleich wird durchgeführt und die Ziele werden entsprechend angepasst oder neu formuliert. Über den ganzen Prozess hinweg wird ständig eine Marktforschung durchgeführt, um dem Markt alle notwendigen Informationen entziehen zu können.

20.2 DIE MARKTANALYSE

Hier wird der Bedarf der Nachfrage auf Nachhaltigkeit, Qualität und Marke geprüft. Welche Tendenzen und Trends sind zu spüren? Auch die Rahmenbedingungen müssen erforscht werden. Nehmen Sie sich hierzu Ihre Konkurrenz vor.

- Wie viele von Ihnen gibt es (Monopol, Oligopol, Polypol)?
- Welche Größe haben sie (Marktanteile, Umsatz)?
- Welche Produkte werden vertrieben (Qualität, Design, Substitutionsprodukte)?
- Wie hoch sind die Preise und Rabatte?
- Wie sind die Verkaufsbedingungen und der Service?
- Wie wird sich der Markt in Bezug auf weitere Anbieter entwickeln?
- Wie ist das Verhalten zu bewerten (aggressiv, zurückhaltend)?

Beschaffen Sie sich diese und weitere Informationen mithilfe der Marktforschung. Bei der Markterkundung handelt es sich um ein gelegentliches Sammeln von Informationen. Forschen Sie aber lieber mit wissenschaftlichen Methoden. Dazu können Sie eigene Erhebungen machen oder auch bereits vorhandene Daten auswerten, gerne auch über einen längeren Zeitraum.

20.3 DIE MARKTPOSITIONIERUNG

Wo stehen Sie auf dem Markt? Welchen Anteil machen Sie aus? Wie weit können Sie sich ausbreiten? Und auf welcher Höhe liegt das Marktpotenzial, sprich, wo liegt der maximal mögliche Umsatz bzw. Absatz? Machen Sie hierzu gerne eine SWOT-Analyse, um Ihre Stärken und Schwächen dem entsprechenden Markt anzupassen.

20.3.1 Die SWOT-Analyse

Fertigen Sie eine Liste über alle Ihre Stärken und Schwächen an. Dann führen Sie eine externe Analyse mit den Chancen und Risiken durch. Überlegen Sie sich, wie Sie die Chancen mit den Stärken nutzen und die Schwächen beseitigen können. Die Risiken vermeiden Sie, indem Sie Ihre Schwächen beseitigen und diese zudem mit den Stärken abwehren.

20.4 DIE MARKTSEGMENTIERUNG

Sie haben sich viele Gedanken über Ihre Zielgruppe zu machen. Da kann Sie das Sinus-Milieus unterstützen. Dieses Modell wird für die Ermittlung des Marktvolumens genutzt, um die Nachfrage zielgerichtet anzusprechen und um den Streuverlust gering zu halten. Dabei wird Deutschland in verschiedene Gruppen eingeteilt bezüglich Karriere, Beruf, Einkommen, Hobbys etc. Wenn die Personengruppen zwei Schichten angehören, kann es zu Überlappungen kommen. Erforscht werden diese Zielgruppen durch Institute. Diese beobachten das Verhalten und die Grundeinstellung der Menschen für die Unternehmungen und für den Wettbewerb. Nehmen Sie sich eine aktuelle Statistik zur Hand und überlegen Sie sich, welche Zielgruppe Sie erreichen möchten. Dabei sollten Sie sich am besten eher auf einen kleinen Personenkreis konzentrieren. So arbeiten Sie zielgerichteter und Vernachlässigungen der einzelnen Gruppen werden vermieden.

21. Mobilfunkausbau-Ausbauverpflichtungen und Ausbaustrategien für 5G in Deutschland

21.1 EINLEITUNG

In diesem Kapitel wird ein Überblick über die Ausbauverpflichtungen und Ausbaustrategien für 5G in Deutschland gegeben. Im Zuge dessen wird zuerst auf den IMT 2020 Report der ITU eingegangen, in welchem behandelt wird, was die Mobilfunknetze der Zukunft leisten können sollten. Im Anschluss wird der aktuelle Stand des Mobilfunkausbaus behandelt, sowohl in Bezug auf 5G bezüglich der aktuellen Entwicklung als auch in Bezug auf 4G, um einen Vergleich zwischen den Ausbaufortschritten durchführen zu können. Ein weiteres Kapitel befasst sich mit den Zielen des Mobilfunkausbaus, welche insbesondere von der Politik und von den Mobilfunkanbietern selber verfolgt werden. Um diese Ziele zu erreichen, wurden den Netzbetreibern bei der Frequenzauktion 2019 Versorgungsauflagen auferlegt, welche im folgenden Kapitel behandelt werden. Die Ausbaustrategien, die angewendet werden können, um diese Versorgungsauflagen effizienter zu erreichen, welche aber durch die Bundesnetzagentur genehmigt werden müssen, werden im vorletzten Kapitel behandelt. Die Erkenntnisse dieser Ausarbeitung werden im letzten Kapitel letztendlich nochmals zusammengefasst.

21.2 VORGABEN DURCH DIE ITU

Um einen Überblick zu erhalten, was 5G-Mobilfunknetze leisten können sollten, wird im Folgenden der Report ITU-R M.2410-0 mit dem Titel "Mindestanforderungen in Bezug auf die technische Leistung für IMT-2020-Funkschnittstellen" aus dem Jahre 2017 behandelt. Dieser beinhaltet die Mindestanforderungen die moderne Funkschnittstellen erreichen können sollten, und ist dementsprechend auf den Ausbau der 5G-Infrastruktur übertragbar.

Dieser Bericht unterscheidet zwischen verschiedenen Anwendungsszenarien und Anwendungsgebieten. Zu den Anwendungsgebieten zählen das erweiterte mobile Breitband (eMBB), ultrazuverlässige Kommunikation mit niedriger Latenzzeit (URLLC), welche insbesondere für Automotive-Anwendungen von Bedeutung ist, und massive maschinenartige Kommunikation (mMTC), wie sie in großen Industriebetrieben verwendet werden kann. Bei den Anwendungsgebieten unterscheiden sich die Anforderungen bezüglich der vorhandenen Infrastruktur, der Verbindungsdichte und den möglichen Geschwindigkeiten der Mobilfunkendgeräte. Unterschieden wird zwischen ländlicher und städtischer Kommunikation sowie der Kommunikation in Innenräumen.

In der folgenden Tabelle sind die wichtigsten Mindestanforderungen aufgeführt, welche überwiegend in allen Anwendungsszenarien und Anwendungsgebieten erreicht werden sollten, sofern nicht anders erwähnt.

Leistungsfähigkeit	Mindestanforderung
Downlink-Spitzendatenrate	20 Gbit/s
Uplink-Spitzendatenrate	10 Gbit/s
Erfahrene Benutzer-Downlink-Datenrate	100 Mbit/s
Erfahrene Benutzer-Uplink-Datenrate	50 Mbit/s
Latenz	4 ms (1ms URLLC)
Maximalgeschwindigkeit Mobilfunkgerät	500 km/h (nur ländlich)
Verbindungsdichte (Geräte/Fläche)	10^6/km^2
Höchste Effizienz Downlink-Spektrum	30 bit/s/Hz

Diese Anforderungen behandeln allerdings die Leistungsfähigkeiten, die theoretisch erreichbar sein sollten. Einige der Punkte können schon alleine durch die begrenzten Bandbreiten der Mobilfunkanbieter und den generellen physikalischen Umständen in der Praxis noch nicht erreicht werden.

21.3 AKTUELLER STAND

Im folgenden Kapitel wird der aktuelle Stand des Mobilfunkausbaus betrachtet. Dazu wird sowohl die Frequenzverteilung durch die Bundesnetzagentur als auch der Stand der Netzabdeckung der einzelnen Mobilfunkanbieter betrachtet.

21.3.1 Frequenzverteilung

Vor der letzten aktuellen Frequenzversteigerung im Jahre 2019 gab es in Deutschland drei Mobilfunkanbieter, welchen bestimmte Bandbreiten des Frequenzspektrums zugeordnet sind. Diese Aufteilung ist in der nächsten Abbildung zu sehen.

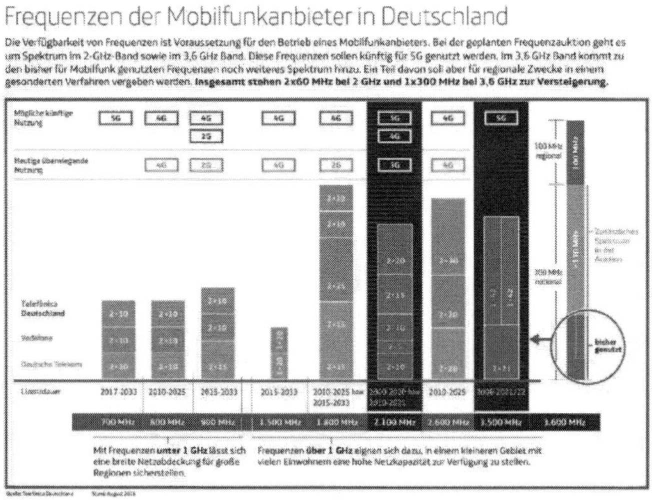

Abbildung 1: Frequenzen der Mobilfunkanbieter in Deutschland

Diese Abbildung beinhaltet die Frequenzblöcke der einzelnen Mobilfunkanbieter in den einzelnen Frequenzbereichen und auch bereits die Blöcke, die in der Auktion 2019 versteigert wurden, allerdings noch ohne das Ergebnis. Zusätzlich wird dargestellt, wofür die Frequenzen derzeit genutzt werden und auch wofür sie in naher Zukunft wahrscheinlich verwendet werden. Hierbei wird deutlich, dass fast ausschließlich 4G und 5G in Zukunft genutzt werden und sowohl in den niedrigeren Frequenzbereichen unter 1GHz, welche durch die geringeren entfernungsabhängigen Verluste insbesondere für ländliche Regionen verwendet werden können, als auch in den höheren Frequenzbereichen zum Einsatz kommen.

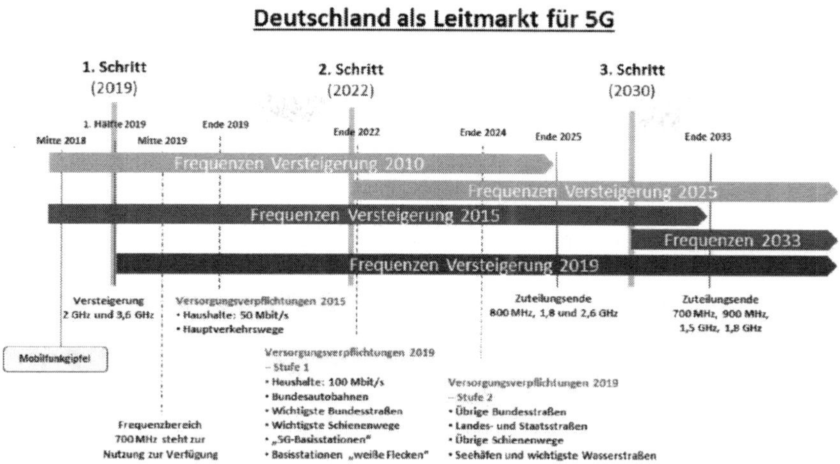

Abbildung 2: Deutschland als Leitmarkt für 5G

Die Abbildung zeigt die verschiedenen Frequenzversteigerungen in Deutschland, verknüpft mit deren Laufzeit und einzelnen Versorgungsverpflichtungen, die an andere Versteigerungen geknüpft sind und waren. Diese beinhalten bereits geplante Versteigerungen für die Jahre 2025 und 2033, bei denen sowohl auslaufende vorige Frequenzverteilungen neu ausgehandelt werden als auch neue Teile des Frequenzspektrums versteigert werden, um den wachsenden Anforderungen an Mobilfunknetze in den kommenden Jahren gerecht zu werden.

Das Ergebnis der aktuellen Frequenzversteigerung im Jahre 2019 ist in der nächsten Abbildung zu sehen. Hierbei kam mit der Drillisch Netz AG (1&1) auch ein neuer Mobilfunkanbieter dazu. Die erworbenen Frequenzblöcke können der Tabelle entnommen werden.

	Drillisch Netz AG	Telefónica Germany GmbH & Co. OHG	Telekom Deutschland GmbH	Vodafone GmbH
2 GHz	2 x 10 MHz	2 x 10 MHz	2 x 20 MHz	2 x 20 MHz
3.6 GHz	50 MHz	70 MHz	90 MHz	90 MHz
Summe	70 MHz	90 MHz	130 MHz	130 MHz

Abbildung 3: Ergebnis der Frequenzauktion 2019

Diese Frequenzauktion war ebenfalls wieder an bestimmte Versorgungsauflagen durch die Bundesnetzagentur geknüpft, welche maßgeblich den 5G-Ausbau beeinflussen und dementsprechend im Detail in Kapitel 5 behandelt werden. Bei 126 MHz der 300 MHz im 3.6 GHz-Band handelt es sich um faktisch bereits bundesweit vergebene Bandbreite, deren Zuordnung allerdings 2022 enden wird, dementsprechend wurde diese nun frühzeitig neu allokiert. Auch heute steht bereits wieder zur Debatte, weitere Frequenzblöcke im 24 GHz-Bereich zu versteigern, um den wachsenden Anforderungen gerecht zu werden.

21.3.2 Versorgungsstand der Anbieter

Die Anbieter geben auf ihren Internetseiten Auskunft über den aktuellen Stand des Mobilfunkausbaus. Diese Daten werden im Folgenden zusammengefasst und kritisch hinterfragt. Dabei wurde, wenn möglich, mit einer Abdeckungskarte gearbeitet, deren Internetseite jeweils verlinkt ist.

21.3.2.1 Telekom

Abdeckungskarte: telekom.de/netz/mobilfunk-netzausbau

Die Telekom gab an, bereits im Oktober 2020 40 Millionen Menschen in Deutschland mit 5G erreichen zu können und am 8.12.2020 sollen es sogar zwei Drittel der Bevölkerung sein. Setzt man diese Werte in Verbindung mit der tatsächlichen Flächenabdeckung, die bei Betrachtung der Abdeckungskarte abgeschätzt werden kann, wird nochmals deutlich, dass bisher lediglich die Städte abgedeckt sind und die Haushaltsabdeckung im Vergleich zu der tatsächlichen Flächenabdeckung sehr unterschiedlich ausfällt.

Zum Vergleich beträgt die 4G-Haushaltsversorgung in NRW 99,4 % und die Flächenabdeckung liegt schätzungsweise bei knapp über 90 %, da einige weiße Flecken erkennbar sind.

21.3.2.2 Vodafone

Abdeckungskarte: vodafone.de/unternehmen/netz.html

Vodafone gab im Oktober 2020 an, ebenfalls bereits 10 Millionen Menschen mit 5G erreichen zu können und am 18.12.2020 sollen es bereits 16 Millionen Menschen sein. Auch hier ist wieder zu erkennen, dass nur die Städte vorerst mit 5G versorgt sind und der Unterschied der Haushaltsversorgung zur Flächenabdeckung vermutlich sogar noch größer ausfällt, da mit steigender versorgter Haushaltszahl die Bevölkerungsdichte der nächsten am einfachsten zu versorgenden Gebiete abnimmt.

Die 4G-Haushaltsversorgung beträgt in NRW ebenfalls 99,4 % und die "Time on 4G" beträgt 92,6 %. Dieser Wert spiegelt besser die tatsächliche Flächenabdeckung wider als die Haushaltsversorgung, ist aber trotzdem nicht mit dieser gleichzusetzen.

21.3.2.3 Telefonica

Abdeckungskarte: o2online.de/service/netzabdeckung/

Telefonica gibt noch keine genauen Zahlen darüber an, wie viele Menschen bereits über sie 5G empfangen können, da erst im Oktober 2020 die ersten 5G-Stationen (150) in Betrieb genommen wurden. Dies geschah vorerst nur in den größten Städten und entspricht auch dort nur sehr kleinen Bereichen. Telefonica gibt allerdings an, dass bis Ende 2021 bereits 2000 5G-Basisstationen in Betrieb sein sollen. Die 4G-Haushaltsversorgung von Telefonica ist in NRW mit 97,3 % etwas geringer als bei den beiden zuvor aufgeführten Konkurrenten.

21.3.2.4 Drillisch

Mit dem neuen Mobilfunkanbieter Drillisch werden in naher Zukunft vier Mobilfunkanbieter den Markt bedienen. Da ein Neueinstieg ohne ein eigenes Mobilfunknetz allerdings nahezu unmöglich ist, wird Drillisch auf nationales Roaming angewiesen sein, worüber derzeit Verhandlungen laufen. Drillisch gibt an, dass die Verhandlungen mit Vodafone und Telekom bisher zu keinem Ergebnis geführt haben, da die Verträge an unverhältnismäßige Konditionen geknüpft sind. Die Verhandlungen mit Telefonica laufen noch und haben eine bessere Aussicht auf Erfolg, da Telefonica bei der Übernahme von E-Plus Auflagen durch die EU-Kommission erhalten hat. Die Mobilfunkanbieter sind gezwungen, Verhandlungen zu führen, sobald ein Mobilfunkanbieter für diesen Bedarf anmeldet. Die Bundenetzagentur fördert diese Zusammenarbeit und kann im Extremfall zu Maßnahmen zwingen, um den Neueinstieg zu ermöglichen, da mehr Mobilfunkanbieter den Wettbewerb fördern und damit auch die Verbrauchererfahrung verbessert werden soll. In einem späteren Kapitel werden diese Vorgaben und Verhandlungen nochmals genauer betrachtet.

21.3.3 Bewertung des aktuellen Standards

Die ersten Ergebnisse der Mobilfunkanbieter, insbesondere die der Telekom, klingen im ersten Moment bereits sehr vielversprechend, allerdings müssen hierbei noch einige weitere Dinge betrachtet werden.

Bereits Ende des Jahres 2018 lag die LTE-Versorgung der Haushalte in Nordrhein-Westfalen bei 99 %. Die Flächenabdeckung hingegen betrug Ende Juni 2019 erst 92,6 % und Ende 2020 dann 98,46 %. Obwohl in diesem Zeitraum von 1,5 Jahren die Flächenabdeckung stark gestiegen ist, hatte dies kaum einen Einfluss auf die tatsächliche Haushaltsversorgung. Eine vollständige Flächenabdeckung ist also deutlich aufwändiger zu erreichen als eine hohe Haushaltsversorgung. Dieser Unterschied ist zusätzlich noch umso größer, je geringer die tatsächliche Haushaltsversorgung bisher ist, da ein Ausbau in Städten durch die höhere Bevölkerungsdichte und die meist schon bestehende Mobilfunkinfrastruktur deutlich leichter ist. Je mehr Haushalte versorgt sind, desto langsamer geht die weitere Haushaltsversorgung voran, da die Wirtschaftlichkeit des Ausbaus immer weiter sinkt.

Ein weiterer Punkt, der beachtet werden muss, ist der Fakt, dass bei intensiverer Nutzung von Mobilfunkdiensten die Infrastruktur immer weiter ausgebaut werden muss, um dem wachsenden Bedarf gerecht zu werden. Es muss also auch in bereits ausgebauten Flächen regelmäßig die Infrastruktur weiter verbessert werden, damit weiterhin alle Menschen in diesen Gebieten die Mobilfunkdienste auch wirklich nutzen können. Dies ist ebenfalls wieder auf 5G übertragbar, da nur die wenigsten bisher überhaupt 5G nutzen oder nutzen können (5G-fähige Mobilfunkgeräte), auch wenn sie es theoretisch bereits empfangen könnten. Würden alle 40 Millionen Menschen, die laut Telekom bereits 5G empfangen könnten, dies auch wirklich nutzen, würde das Mobilfunknetz mit sehr hoher Wahrscheinlichkeit dies nicht liefern können.

Erste gut klingende Ergebnisse sind beim 5G-Ausbau also verhältnismäßig leicht zu erreichen, während eine vollständige Abdeckung und eine für jeden nutzbare Datenrate noch eine lange Zeit in Anspruch nehmen wird. Dazu kommt, dass es sich bei dem Großteil von dem, was heute als 5G bezeichnet wird, eher um ein

Pseudo-5G auf 4G-Basis handelt, da noch kein wirkliches 5G-Kernnetz vorhanden ist.

21.4 ZIELE DES MOBILFUNKAUSBAUS

Auch die Politik hat großes Interesse am Mobilfunkausbau und dementsprechend wurde die Mobilfunkstrategie der Bundesregierung verfasst. Die wichtigsten Ziele dieses Dokuments werden im Folgenden zusammengetragen.

Der wichtigste Punkt ist die flächendeckende Versorgung des Bundesgebiets mit Mobilfunkdiensten. Es sollen also die weißen Flecken aufgehoben werden und die Datenraten bundesweit so weit erhöht werden, dass auch ländliche Unternehmen nicht durch schlechten Mobilfunk in ihrer Konkurrenzfähigkeit eingeschränkt sind. Dazu kommt, dass die gesamte Infrastruktur versorgt werden soll, also sowohl alle Straßen wie auch Schienen- und Wasserwege.

Generell befindet sich der Mobilfunkausbau im Vergleich zu anderen Ländern in einem verbesserungswürdigen Zustand. Dementsprechend soll es das Ziel sein, eine internationale Spitzenposition beim Mobilfunk zu erreichen.

21.5 VORGABEN AN NETZBETREIBER

Um diese Ziele zu erreichen, wurden bei der letzten Frequenzversteigerung im Jahre 2019 durch die Bundesnetzagentur bestimmte Vorgaben an die Netzbetreiber gestellt, die im folgenden Kapitel behandelt werden.

21.5.1 Vorgaben zu Abdeckung und Bandbreite

Bezüglich der Abdeckung und Bandbreite gibt die Bundesnetzagentur vor, dass bis Ende 2022 mindestens 98 % der Haushalte je Bundesland mit mindestens 100 Mbit/s versorgt werden können müssen. Ebenso ist vorgegeben, dass bis Ende 2022 1000 5G-Basisstationen in Betrieb genommen werden sowie 500 Basisstationen mit mindestens 100 Mbit/s in "weißen Flecken".

Zusätzlich soll insbesondere die Versorgung der Infrastruktur verbessert werden. So müssen bis Ende 2022 alle Autobahnen und wichtigen Bundesstraßen mit mindestens 100 Mbit/s und 10 ms Latenz versorgt werden, alle weiteren Bundesstraßen müssen bis spätestens Ende 2024 ebenso diese Vorgaben erfüllen. Landes-

und Staatsstraßen müssen hingegen nur mit mindestens 50 Mbit/s bis Ende 2024 versorgt werden und eine genaue Vorgabe zur Latenz ist nicht angegeben. Diese Anforderung ist ebenfalls an alle Schienennetze und an das Kernnetz der Wasserwege vorgeschrieben. Alle Anforderungen, die sich auf die Verkehrswegeversorgung beziehen, werden allerdings kooperativ berechnet. Es muss also nicht jeder Mobilfunkanbieter alleine diese Auflagen erfüllen, sondern alle Anbieter zusammen. Dies gilt allerdings nicht für die Autobahnen. Die Versorgungsauflagen dieser muss jeder Mobilfunkanbieter alleine erfüllen.

Für Neueinsteiger gelten selbstverständlich abweichende Versorgungsauflagen. So muss Drillisch zum Beispiel bis Ende 2023 nur 25 % und bis Ende 2025 50 % der Haushalte selbst versorgen können.

21.5.2 Vorgaben zum Schutz bestehender Frequenznutzungen

Bei der Frequenzversteigerung wurden ebenfalls genaue Vorgaben auferlegt, um bestehende Frequenznutzungen zu schützen. Dies ist nötig, da Teile der neu versteigerten Frequenzbereiche regionale und teilweise sogar bundesweite Zuteilungen beinhalten. So muss zum Beispiel der Satellitenfunk im Umfeld von Flughäfen geschützt werden.

Die meisten sonstigen regionalen Zuteilungen sind bis Ende 2022 befristet und werden zu einem großen Teil bereits heute nicht oder nicht mehr effizient genutzt. Die Frequenzinhaber sind durch die Bundesnetzagentur aufgefordert, diese Frequenzen in solch einem Fall zurückzugeben, und die Frequenzen können gegebenenfalls sogar durch die Bundesnetzagentur widerrufen werden. Frequenzen, die noch aktiv genutzt werden, können auf Antrag in das 3700-3800 MHz-Band verlagert werden. Die noch bundesweit zugeteilten Frequenzen werden frühzeitig neu allokiert, müssen aber vorerst noch genauso wie die noch verwendeten regionalen Zuteilungen geschützt werden.

Weitere Frequenznutzungen, die bedacht werden müssen, sind militärische Radare, Radioastronomie, Erdfunkstellen und die Funkmessstationen der Bundesnetzagentur. Zusätzlich müssen die generellen Vorgaben bezüglich der Grenzkoordinierung eingehalten werden.

21.5.3 Kontrolle der Versorgungsauflagen

Um zu überprüfen, ob die Mobilfunkanbieter die auferlegten Versorgungsauflagen auch wirklich erfüllen, ist diesen eine Berichtspflicht durch die Bundesnetzagentur auferlegt, welche Angaben bezüglich der Frequenznutzung, dem Versorgungsgrad, der Flächenabdeckung und der durchschnittlich bereitgestellten Übertragungsrate beinhaltet. Diese Angaben werden stichprobenartig durch die Prüf- und Messdienste der Bundesnetzagentur überprüft. Sollten die Versorgungsauflagen nicht erfüllt worden sein, kann die Bundesnetzagentur Sanktionen und Bußgelder verhängen und im Extremfall die Tätigkeit als Betreiber untersagen.

21.6 AUSBAUSTRATEGIEN

Um die Mobilfunkziele der Bundesregierung erreichen zu können, ermöglicht und fördert die Bundesnetzagentur Zusammenarbeiten zwischen Mobilfunkanbietern, allerdings, nur insofern der Wettbewerb weiterhin vorhanden ist und kein Mobilfunkanbieter diskriminiert wird. Um dies sicherzustellen, agiert die Bundesnetzagentur bei allen Zusammenarbeiten zwischen Mobilfunkanbietern als Schiedsrichter. Generelle Devise ist, dass, sobald ein Mobilfunkanbieter oder Neueinsteiger Bedarf für eine Zusammenarbeit äußert, Verhandlungen geführt werden müssen. Über diese muss der Bundesnetzagentur auf Verlangen transparente Auskunft gegeben werden.

21.6.1 Roaming

Eine Form der Zusammenarbeit ist das Roaming, also die Mitnutzung des bestehenden Netzes eines anderen Mobilfunkanbieters. Dies ist sowohl auf bundesweiter wie auch auf regionaler Ebene möglich.

Bundesweites Roaming kommt zum Einsatz, wenn ein Neueinsteiger dem Markt beitreten möchte, da ohne ein bereits aufgebautes Netz keine Einnahmen generiert werden können, weil ansonsten kein Verbraucher einen Vertrag abschließen würde. Bundesweites Roaming ermöglicht also einem Neueinsteiger, auch ohne bereits aufgebautes Mobilfunknetz dem Markt beizutreten und sich mit der Zeit ein eigenes Mobilfunknetz aufzubauen. Ohne diese Möglichkeit des bundesweiten Roamings wären die Investitionskosten zu hoch und da mehr Mobilfunkanbieter den Wettbewerb fördern, wird diese Zusammenarbeit von der Bundesnetzagentur gefördert.

Regionales Roaming hingegen kann angewendet werden, um die Mobilfunkabdeckung zu verbessern und den Ausbau kosteneffizient durchzuführen. Ein Netzbetreiber ermöglicht es einem anderen Netzbetreiber, sein Netz mit zu nutzen, und erhält im Gegenzug ein reguliertes Entgelt. Dies sorgt einerseits für eine bessere Netzabdeckung für die Verbraucher des zweiten Netzbetreibers und auf der anderen Seite kann sich gegebenenfalls erst durch das zusätzliche Entgelt des zweiten Netzbetreibers der Ausbau für den ersten Netzbetreiber wirtschaftlich lohnen. Da es hierbei aber schnell zu Diskriminierung dritter Netzbetreiber kommen kann und der generelle Punkt des Wettbewerbs ausgehebelt wird, entscheidet die Bundesnetzagentur in jedem Fall, ob regionales Roaming zulässig ist.

Die Bundesnetzagentur wägt also ab, ob die Verbrauchererfahrung durch eine bessere Netzabdeckung und einen womöglich verbesserten Ausbau in ländlichen Gebieten den Einbußen beim Wettbewerb überlegen ist. Tatsächliche Anwendung wird regionales Roaming vermutlich nur zur Erfüllung der Infrastrukturauflagen finden, sodass nicht jeder Netzanbieter jede Straße oder jeden Schienen- und Wasserweg selbst versorgen muss. Ansonsten könnten die Ausbauanreize jedes einzelnen Mobilfunkanbieters in ländlichen Gebieten abnehmen.

21.6.2 Infrastruktur-Sharing

Eine weitere Form des kooperativen Ausbaus ist das Infrastruktur-Sharing, bei welchem sich die Mobilfunkanbieter auf theoretisch allen Ebenen der Netzinfrastruktur Komponenten oder Technologien teilen können. Dies beginnt bei den passiven Komponenten wie dem Standort und der Stromversorgung und führt bis hin zu den aktiven Komponenten mit zum Beispiel RAN-Sharing und Frequenzpooling. Die passiven Komponenten sind dabei unproblematischer bezüglich der im vorigen Kapitel behandelten Problematiken hinsichtlich der Abwägung zwischen Verbrauchererfahrung, Wirtschaftlichkeit und Wettbewerb.

Je mehr Netzbestandteile geteilt werden sollen, desto eher wird eine Prüfung durch die Bundesnetzagentur nötig. Auch hier würde dieses Infrastruktur-Sharing den Ausbau in ansonsten unwirtschaftlichen Gebieten fördern und die Frequenznutzungseffizienz verbessern, indem zum Beispiel die Frequenzblöcke beider Netzbetreiber an einem Standort genutzt werden können.

21.6.3 5x5G-Innovationsprogramm

Ebenfalls als Ausbaustrategie kann das 5x5G-Innovationsprogramm der Bundesregierung betitelt werden, da es das Potenzial des 5G-Mobilfunks vor Ort sichtbar machen und potenzielle Nachfrager und Anbieter von innovativen 5G-Mobilfunklösungen zusammenführen soll. Es können bis zu 100.000 Euro Konzeptförderung erhalten werden und besonders herausragende Konzepte werden im zweiten Schritt mit einer Umsetzungsförderung prämiert. Insgesamt wurde durch den Bundestag eine Bereitstellung von rund 66 Millionen Euro zur Unterstützung der 5G-Einführung beschlossen.

21.7 ZUSAMMENFASSUNG ZU DEN AUSBAUSTRATEGIEN

Es kann also festgehalten werden, dass der 5G-Ausbau in Deutschland sowohl für die Mobilfunkanbieter als auch für die Politik von großer Bedeutung ist. Die Bundesnetzagentur setzt dabei maßgeblich die Vorgaben und kontrolliert den Ausbau und die Existenz von Wettbewerb auf vielen Ebenen. Dabei wird versucht, dass Deutschland in Sachen Mobilfunk wieder eine internationale Spitzenposition erreicht.

Der Ausbau geht nach Mobilfunkanbieterangaben erfolgreich voran, wird allerdings in einigen Hinsichten geschönt dargestellt oder ist dem Fakt unterlegen, dass erste gut klingende Ziele deutlich leichter zu erreichen sind als eine vollständig flächendeckende Versorgung mit für jeden nutzbaren hohen Datenraten.

Der Ausbau geschieht dabei unter vielen verschiedenen Kriterien, die alle bedacht werden müssen und die sich teilweise widersprechen. So muss immer abgewogen werden zwischen der Effizienz und der Wirtschaftlichkeit des Ausbaus, bei einer gleichzeitig möglichst guten Verbrauchererfahrung und weiterhin bestehendem Wettbewerb ohne Diskriminierung zwischen den Mobilfunkanbietern.

21.8 RADIO ACCESS NETWORKS (RAN)

Nun schauen wir uns an, welche Varianten es für die sog. RANs (Funkzugangsnetze) gibt. Viel Spaß! ☺

21.8.1 Definition RAN

In diesem Kapitel wird geklärt, welche Definition und Aufgabenschwerpunkte auf ein 5G-RAN zutreffen. Zunächst findet eine Eingrenzung der Thematik in die Problemdomäne „5GMobilfunk“ statt.

Mit 5G wurde ein neuer Meilenstein in der Entwicklung der Mobilfunknetze gesetzt. In den vorherigen Mobilfunkgenerationen lag der Fokus auf der Bereitstellung von Kommunikationsdiensten. Mit 4G (LTE) kamen zum Beispiel erstmals auch multimediale Inhalte mit ins Spiel. Aber nicht nur die Art der Daten und damit die zur Verfügung stehenden Bitraten haben einen Wandel durchlebt. Im Zuge des sog. „Taktilen Internets“ spielt heute 5G eine erheblich wichtigere Rolle.

Es geht um die Schaffung einer neuen Mobilfunkgeneration, welche URLLC (Ultra Reliable and Low Latency Communication) zulässt. Doch was bedeutet das? Mit 5G fallen Multimediaapplikationen unter die „traditionellen Dienste“. Diese weisen (wie oben besprochen) eher hohe Datenraten auf. Was durch 4G hinzukam, sind M2M- (Machine to Machine communication) und IoT (Internet of Things)-Anwendungen, bei denen es nicht um hohe zu übertragbare Bitraten, sondern um Zuverlässigkeit und niedrige Latenzzeiten geht.

Ganz neu bei der 5. Generation Mobilfunk ist die Unterstützung von Diensten in system- und sicherheitskritischen Anwendungsbereichen (Stichwort: Funktionale Sicherheit), wie z. B. Smart Grid für intelligente Energieversorgungsnetze und autonomes Fahren mit sehr hohen Anforderungen an Latenz- und Reaktionszeiten sowie die System- bzw. Dienstverfügbarkeit.

Wie spielt in diesem großen Kontext nun das 5G-RAN eine entscheidende Rolle? Es wird weiter auf die Definition des Radio Access Networks (RAN) eingegangen. Wie der Begriff bereits andeutet, erhält ein Teilnehmer am Mobilfunknetz seinen Zugriff über ein sog. Zugangsnetz. Hier sitzt die entsprechende Funkübertragungstechnik. Dazu zählt neben den Antennen die Signalverarbeitung innerhalb der unteren Schichten des ISO-OSI-Modells.

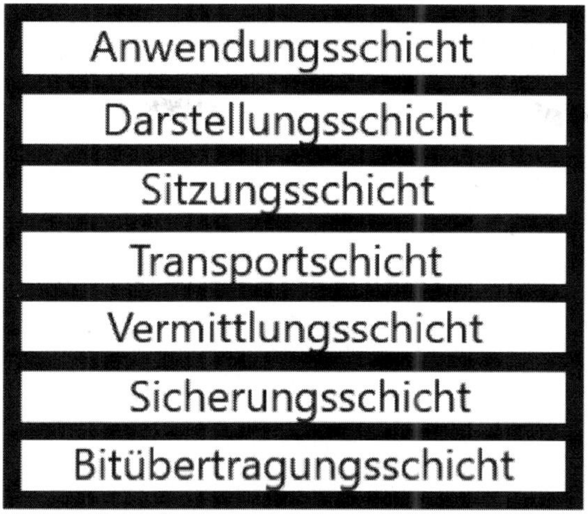

Abbildung 4: ISO-OSI-Referenzmodell

In der Abbildung ist das 7-Schichten-ISO-OSI-Referenzmodell zu sehen. Ein 5G-RAN verarbeitet dieses Modell in der Signalverarbeitung im Physical Layer (Bitübertragungsschicht). Wenn der Fokus auf das Funktionssplitting innerhalb der einzelnen RAN-Architekturen gelegt wird, so werden auch höhere Schichten angesprochen. In der für die Basisstation letztlich relevante Funkzelle bzw. RU (Radio Unit) wird die digitale Kommunikationstechnik umgesetzt und die folgenden Aspekte der Bitübertragungsschicht werden realisiert: Fehlererkennung, Mapping, (De-) Modulation, Synchronisation, HF, MIMO.

Bei 5G gibt es eine Menge Optionen, wie diese Funkzugangsnetze (Basisstationen) aussehen können. In diesem Abschnitt wird nur eine Handvoll Beispiele aufgezeigt. Festzuhalten ist, dass der Unterschied zwischen einer 5G- und einer 4G-Basisstation die sog. 5G-NR-Technik ist. NR steht für „New Radio" und wird unter anderem im nachfolgenden Kapitel mit der Erklärung des 5G-RANs im 3GPP-Projekt erläutert.

21.8.2 5G-RAN-Architekturen

Das vorliegende Kapitel bildet den Hauptteil des RAN-Abschnitts. Die zu untersuchenden Varianten der Architektur des 5G Radio Access Networks werden hier vorgestellt. Im ersten Schritt wird die Architektur im 3GPP-Projekt dargestellt. Im

Nachgang wird das sog. F-RAN nach IEEE vorgestellt. Es folgen weitere Ausführungen zur C-RAN- und O-RAN-Architektur. Den Abschluss des Kapitels bildet die sog. CPRI-Schnittstelle.

21.8.2.1 5G-Architektur im 3GPP-Projekt

In diesem Abschnitt wird die Architektur des 5G-RANs im 3GPP-Projekt verdeutlicht. Zunächst wird eine Unterscheidung zwischen Funkzelle und RAN eingeführt, die es ermöglicht, die RAN-Architekturen besser zu verstehen. Im Anschluss wird die 5G-NR-Technik kurz erläutert. Dies hat den Grund, dass sich im 3GPP-Projekt die New Radio Technologie (NR) vom 4G-Mobilfunk abgrenzt.

Im Nachgang wird auf die verschiedenen 5G-RAN-Architekturen inkl. Funktions-Splitting eingegangen. In dem Modell, welches durch 3GPP entwickelt wurde, werden die Abgrenzungen der RAN-Technologien zum 5G-Kernnetz (Core-Network) und zum Nutzer aufgezeigt. Eine Segregation bildet hierzu den Abschluss dieses Kapitels.

Funkzellen gibt es in den unterschiedlichsten Ausführungen. Je nach Frequenz und Netzwerkarchitektur haben sie unterschiedlichste physikalische Ausdehnungen. Doch sitzt die gesamte RAN-Architektur innerhalb der Funkzelle?

Die Architektur des 5G-RANs im 3GPP-Projekt entfaltet sich, wie das Ende dieses Kapitels zeigt, über die Funkzelle, die Aggregation und die Verbindung zum Kernnetz. Die Funkzelle mit ihren Antennen und Komponenten der digitalen Signalverarbeitung bildet somit nur das physikalische Low-Layer (LL), einen kleinen Teil des Radio Access Networks. Fester Bestandteil der Funkzelle ist die sog. Radio Unit. Diese beinhaltet den Funk-Transceiver mit Sende- und Empfangsverstärker. Diese kann auch abgesetzt an einem von der Basisstation weit entfernten Ort platziert werden. Die Begriffe Funkzelle, Radio Unit und Basisstation sind somit alle für sich gültig und kein Synonym des anderen.

Bezugnehmend auf die Abgrenzung der 5G-Funktechnologie zu 4G spielt die sog. 5G-NR-Technik eine entscheidende Rolle. NR steht für New Radio und impliziert bereits eine neue Funktechnologie, die es ermöglicht, wesentlich effizienter und leistungsfähiger als LTE (4G) zu sein. Zur Umsetzung werden Techniken wie MIMO (Multiple Input Multiple Output) und OFDM (Orthogonal Frequency Division Multiplex) eingesetzt. Diese Technologien werden innerhalb eines 5G Radio

Access Networks vorgesehen. Die Frage, wie diese Technologien eingesetzt werden, hängt vom Anwendungsfall (traditioneller Dienst vs. URLLC) ab.

Anwendungsfälle, die bestimmte Latenzzeiten benötigen und sicher gegenüber Paketverzögerungen sein sollen, bedienen sich einer ganz bestimmten Sparte an RAN-Architektur. Als Grundlage aller folgenden RAN-Architekturen wird an dieser Stelle das Modell der möglichen 5G-RAN-Architekturen eingeführt und erläutert.

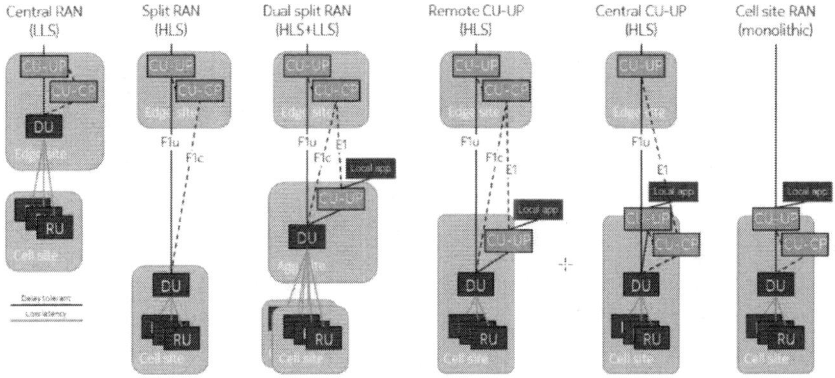

Abbildung 5: Möglichkeiten an 5G-RAN-Architekturen mit Funktions-Splitting

Die Abbildung zeigt die verschiedenen Möglichkeiten der 5G-RAN-Architekturen mit Funktions- Splitting, welche im 3GPP-Projekt auftreten. Die grauen Bereiche stellen verschiedene Standorte der RAN-Komponenten dar. Ein Standort kann z. B. direkt bei den Antennen (RU) zur Versorgung der dortigen Funkzelle sein, aber auch ein Gebäude des Netzbetreibers im Bereich des Zugangsnetzes (Aggregation) oder am Übergang zum Kernnetz (hier: Edge) kann einen Standort darstellen.

Zum besseren Verständnis werden die in der Abbildung vorhandenen Abkürzungen eingeführt. Die Distributed Unit (DU) bedient die RUs über Glasfaser. Sie beinhaltet die L1-Basisbandfunktionen, die sog. MAC-Protokoll- (Medium Access Control) und die RLC-Behandlung (Radio Link Control), welche für die MIMO und Beamforming-Steuerung zuständig sind. CU-UP steht für die sog. User Plane innerhalb der Control Unit. Hier werden die Nutzerdaten behandelt. Durch die Terminierung des PDCPs (Packet Data Convergence Protocol) sorgt die CU-UP für die Nachrichtenverschlüsselung. CU-CP ist im Gegenzug die Control Plane. Sie repräsentiert die RCF (Radio Control Function), QoS-Aushandlung (Quality of Service) und bildet somit das Management der RAN-Performance.

Bezugnehmend auf die Abbildung wird zwischen verschiedenen Möglichkeiten unterschieden, ein 5G-RAN zu betreiben. Auf diese wird nun weiter eingegangen. Hier wird weiter zwischen zwei verschieden Varianten des Funktions-Splittings unterschieden: Low Layer Split (LLS) und High Layer Split (HLS).

Als LLS wird der abgesetzte Betrieb der RUs bezeichnet, während der abgesetzte Betrieb von DU und/oder CU als HLS bezeichnet wird. Die möglichen RAN-Architekturen reichen gemäß der Abbildung von einem abgesetzten RU- über einen abgesetzten DU-Betrieb, eine Aufteilung von CU, DUs und RUs auf drei verschiedene Standorte, zusätzlich abgesetzte CUs bis hin zu einer monolithischen, kompletten Basisstation mit integriertem Antennenstandort. Die Abbildung weist zudem auf die Möglichkeit des sog. Edge Computing zum Hosten einer Nutzerapplikation (kurz: App) im RAN hin.

Resümierend wird festgestellt, dass allgemeine Richtlinien der 5G-Designprinzipien im RAN umgesetzt wurden. Dazu zählen All-IP-Netz, Modularisierung (RU, DU, CUUP/CP), Netzwerk-Softwarisierung (NFV), Cloudifizierung, Offenheit für MEC-Anbieter, heterogene RAN-Techniken (NR und LTE), verschiedene Zugangsnetztechniken (Funk- oder leitungsgebundene Systeme), Entkopplung RAN vom Core-Network (5GC) und die flexiblen Endgerätekonnektivitäten, wie z. B. die bereits erwähnte Dual Connectivity.

21.8.2.2 Fronthaul-Architektur

Im letzten Kapitel wird bereits angedeutet, dass es sich bei den RAN-Architekturen nicht nur um Aufgaben der Bitübertragungsschicht nach dem OSI-Modell handelt, sondern andere Schichten und/oder Teilschichten mit in die RAN-Hierarchie integriert werden. Hierzu zählen weiter die Sicherungs- und Vermittlungsschicht. Das RAN fungiert somit als sog. Transitsystem und baut den abgefragten Protokollstapel nach Vermittlung wieder auf.

In diesem Kapitel wird die Bedeutung des Fronthauls nahegelegt. Im Anschluss findet sich diese Technik im sog. Fog Computing RAN (F-RAN) des IEEE wieder. Die F-RAN-Architektur wird daraufhin erörtert.

Das sog. Fronthaul bezeichnet die physikalische Anbindung zwischen der Basisband-Einheit (Baseband Unit, BBU) und dem abgesetzten Funkmodul (RU) in der Infrastruktur des Funkzugangsnetzes (RAN) durch Glasfaser. Diese Verbindung ist stabil, frei von Verzögerungen und stabil gegenüber Störfaktoren. Anwendung findet die Fronthaul-Technologie z. B. bei FRAN.

Diese RAN-Architektur ist in drei wesentliche Ebenen aufgeteilt. Auf der Anwenderebene befindet sich das Terminal Layer. Hier stellt das mobile Endgerät eine Verbindung zum Network Access Layer her. Dieses ist äquivalent zu den im 3GPP-Projekt eingeführten RAN-Technologie-Möglichkeiten. Die sog. BBU (nach 3GPP „DU“) versorgt die RU mit Glasfaser. Bei dem DU handelt es sich um das Cloud Computing Layer. Hier befindet sich die Verbindung zum Kernnetz innerhalb einer Cloud.

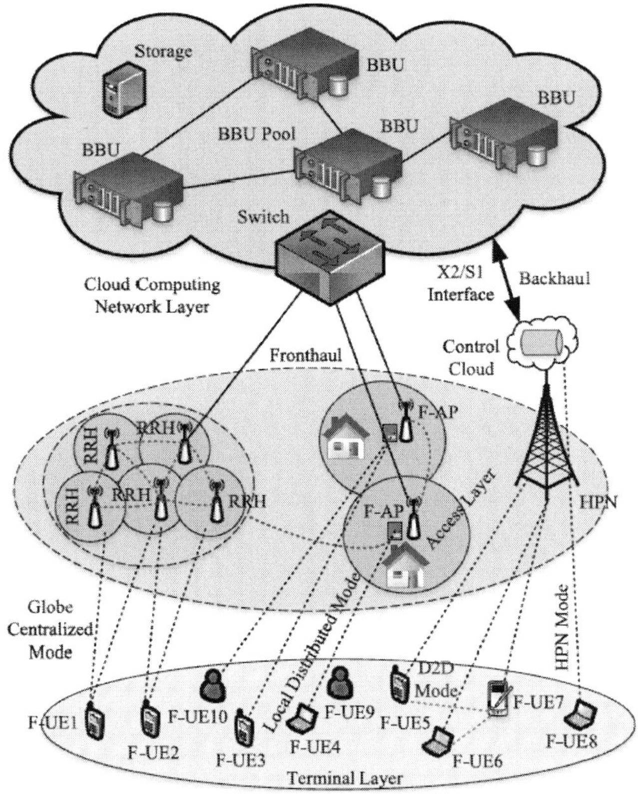

Abbildung 6: F-RAN-Architektur nach IEEE

Die Abbildung zeigt die F-RAN-Architektur nach IEEE. Es handelt sich um ein gesplittetes RAN mit HLS. Zur weiteren Performanceanalyse wird auf das übernächste Kapitel verwiesen.

21.8.2.3 Cloud-RAN

Das sog. Cloud-RAN (C-RAN) ist sehr ähnlich aufgebaut wie das F-RAN, jedoch verfügt das C-RAN nicht über eine Backhaul-Verbindung zum BBU-Pool und ist somit etwas kostengünstiger in der Anschaffung. Das nächste Kapitel wird zeigen, dass der Energieverbrauch jedoch leicht erhöht ist. In diesem Abschnitt wird mit dem zentralen C-RAN eingeleitet, um des Weiteren das allgemeine C-RAN zu erläutern.

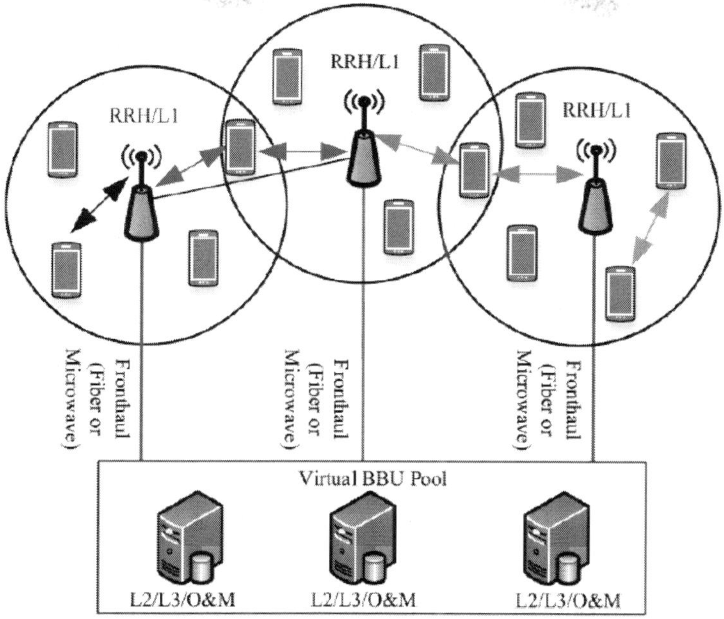

Abbildung 7: Zentrale C-RAN-Architektur nach IEEE

Die Abbildung zeigt die zentrale C-RAN-Architektur. Wie sie schildert, liegt die Funktion der Bitübertragungsschicht (Physical Layer) bei der RU (hier: RRH). Die weiteren Protokolle liegen in der zentralen Cloud, dem sog. Virtual BBU-Pool, was sich mit einem virtuellen DU nach 3GPP vergleichen lässt. Dort werden Kontrollfunktionen zentral übernommen und die Verknüpfungen zum Kernnetz werden rein über das Backhaul hergestellt, wie die nächste Abbildung allgemein zeigt. Die Anbindung der RU an den virtuellen BBU-Pool findet über die eingeführte Fronthaul-Architektur statt. Daher ist auch diese RAN-Architektur frei von Verzögerungen.

Weitere Eigenschaften der C-RAN-Architektur lassen sich zusätzlich an einem allgemeinen Modell erläutern. Die nächste Abbildung zeigt die allgemeine C-RAN-Architektur. Hier findet keine Entkopplung zwischen CU-CP und CU-UP statt. Es handelt sich folglich, anders als beim F-RAN, um ein zentrales RAN, bei dem das Edge (CU-UP/CP) und die DU in der Cloud sitzen. Somit liegt ein LLS der unteren drei Schichten des ISO-OSI-Modells vor (Physical Layer liegt außerhalb, daher nicht monolithisch).

Die wesentlichen Merkmale einer C-RAN-Architektur sind eine zentrale Speicherung, eine zentrale Kommunikation (erst Fronthaul, dann Backhaul), ein zentrales Managementsystem und eine Kontrollfunktion, wie bei einer Cloud aus dem Consumerbereich. Geeignet ist dieses System besonders für das autonome Fahren, da die Daten mit hinterlegten Daten aus der Cloud abgeglichen werden können, bevor Informationen über das Kernnetz zum Hersteller geschickt werden (Stichwort: Objektklassifizierung).

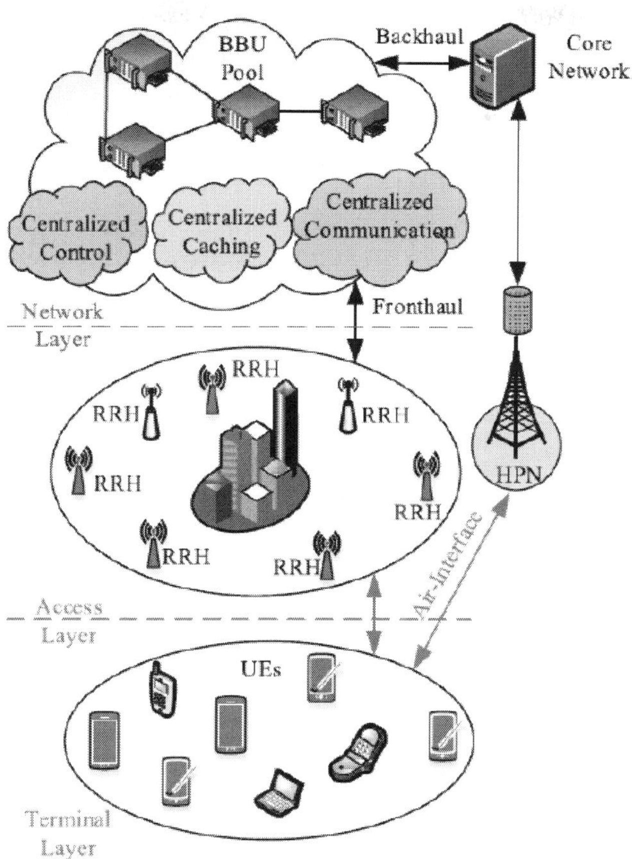

Abbildung 8: C-RAN-Architektur nach IEEE

21.9 5G IM AUTONOMEN FAHREN

In den letzten Jahren haben die Entwicklung von Fahrerassistenzsystemen und das autonome Fahren immer mehr zugenommen. Dabei erfassen die Fahrzeuge ihre Umgebung mittels Sensoren. Zu den üblichen Sensoren zählen unter anderem Lidar (Laserradar) und ein konventionelles Radar für die Abmessung von Entfernungen sowie zur Geschwindigkeitsermittlung. Hinzu kommen Ultraschallsysteme zur Erkennung des Nahbereichs, Kameras in allen Fahrzeugrichtungen für die Klassifizierung von Objekten sowie Ortung für die Bestimmung der eigenen Position. Ein

Problem bei der Erfassung der Umgebung mittels Sensoren ist, dass die Sensoren die Umgebung nur wenige hundert Meter weit erfassen können.

Somit weiß ein autonomes Fahrzeug bspw. nicht, was sich hinter einer Kurve verbirgt. Um den Sichtbereich des autonomen Fahrzeugs zu vergrößern, setzt die Automobilindustrie auf die Vernetzung der Fahrzeuge untereinander und mit der Umgebung. Über die Vernetzung können autonome Fahrzeuge schwierige Situationen frühzeitig erkennen und die Sicherheit im Straßenverkehr dadurch erhöhen, indem die Fahrzeuge untereinander, mit Verkehrsteilnehmern und der Infrastruktur kommunizieren. Dadurch können Informationen, wie der Fahrbahnzustand, die Verkehrs- und Wetterlage sowie die Fahrdaten anderer Fahrzeuge übermittelt werden. Auf Basis dieser Informationen soll das Fahrzeug seine Tour planen und bspw. erkennen, dass es sich einem Stauende nähert.

Ein Schlagwort, welches immer wieder im Zusammenhang mit der Verkehrsvernetzung für das autonome Fahren fällt, ist „5G". 5G beschreibt die 5. Generation des Mobilfunkstandards und wird oft als „Schlüsseltechnologie für die vernetzte Gesellschaft" bezeichnet (Olaf Reus, Leiter der 5G-Fokusgruppe beim IT-Gipfel).

Mit einem Vielfachen an Datenübertragungsraten und Kapazität sowie einer extrem geringen Latenzzeit setzt 5G neue Maßstäbe, gerade für die Mobilität der Zukunft, die auf dem Austausch riesiger Datenmengen in Echtzeit basiert.

Die V2X-Kommunikation beschreibt im Allgemein die intelligente Vernetzung von Fahrzeugen mit anderen Verkehrsteilnehmern und der Infrastruktur, wie z. B. Ampeln. Dabei steht die Abkürzung V2X-Kommunikation für Vehicle-to-Everything-Kommunikation. Sie hat die primären Ziele, durch den Austausch von Informationen die Verkehrssicherheit zu erhöhen, den Verkehr effizienter zu gestalten und die CO2-Emmissionen zu reduzieren. Durch den Informationsaustausch zwischen den Fahrzeugen kann die Entscheidungsfindung des Fahrers oder der automatisierten Fahrfunktionen verbessert werden.

Dadurch wird es möglich, das Bremsmanöver eines mehrerer Fahrzeuge Vorausfahrenden zu erkennen und vorausschauend den Bremsvorgang bei allen Nachfolgern einzuleiten. Es wird aufgezeigt, welche Organisation sich mit der Entwicklung und Einführung der Technologie beschäftigt, was für Anforderungen an die Kommunikation gestellt werden und welche Möglichkeiten 5G für die Verkehrsvernetzung bietet. Die Organisation, die sich mit der Entwicklung und

Einführung der V2X-Kommunikation über Mobilfunk beschäftigt, ist die 5G Automotive Association (Abk. 5GAA).

Die 5GAA wurde im September 2016 von den acht branchenübergreifenden Gründungsmitgliedern aus der Automobil-, Technologie- und Telekommunikationsbranche (AUDI AG, BMW Group, Daimler AG, Ericsson, Huawei, Intel, Nokia und Qualcomm Incorporated) gegründet. Mittlerweile sind mehr als 130 weitere Unternehmen der 5GAA beigetreten, die als Ziel haben, die Standardisierung der nächsten Generation vernetzter Mobilitäts- und automatisierter Fahrzeuglösungen zu definieren und zu entwickeln.

Die C-V2X-Direktkommunikation ermöglicht Fahrzeugen eine Kommunikation über die PC5-Schnittstelle mit geringer Latenz für V2V, V2I und V2P-Anwendungen ohne Einbeziehung eines Mobilfunknetzes. Somit kann auch in Gebieten ohne Mobilfunknetzabdeckung die C-V2X-Kommunikation den Austausch zeit- und sicherheitskritischer Informationen ermöglichen. Der Austausch der Informationen erfolgt über das global harmonisierte 5,9 GHz-ITS-Spektrum. In Europa ist das Band 5855-5875 MHz für nicht sicherheitsrelevante ITS-Anwendungen und das Band 5875-5935 MHz für sicherheitsrelevante ITS-Anwendungen vorgesehen. Damit bei der netzbasierten C-V2X-Kommunikation Cloud-Dienste mit einer geringen Latenzzeit und einer hohen Datenübertragungsrate integriert werden können, wird Multi Access Edge Computing verwendet.

Multi Access Edge Computing (Abk.: MEC) ist eine der Schlüsseltechnologien der 5G-Mobilfunktechnik. Im Gegensatz zu den älteren Mobilfunkstandards (3G oder 4G) ist MEC von Beginn an in den 5G-Standards des 3GPP implementiert. MEC beschreibt eine Computing Architektur, die Cloud-Computing-Funktionen und IT-Service-Ressourcen direkt am Rande des Mobilfunknetzes bereitstellt. Dadurch wird die Datenverarbeitung dezentralisiert und die Daten werden direkt am „Ort des Geschehens" verarbeitet.

Um die Anforderungen an Latenz, Zuverlässigkeit, Datenrate und Reichweite der Kommunikation für die vielfältigen V2X-Anwendungsmöglichkeiten zu definieren, kategorisiert die 3GPP in Release 16 die Anwendungsszenarien in vier Gruppen:

1. Platooning
2. Advanced Driving
3. Extended Sensors
4. Remote Driving

Beim Platooning fahren mehrere Fahrzeuge automatisiert hinter einem Führungsfahrzeug in Kolonne. Alle Fahrzeuge erhalten periodische Daten vom führenden Fahrzeug über den Zustand des Platoons, die Geschwindigkeit, die Beschleunigung, die Bremsverzögerung und die GPS-Position. Durch die Vernetzung der Fahrzeuge kann der Abstand zwischen den Fahrzeugen minimiert werden. Dadurch lässt sich eine bessere Nutzung des Straßenraums, eine Einsparung von Kraftstoff und ein effizienterer Warentransport erreichen.

Advanced Driving bezieht sich auf halbautomatisches oder vollautomatisches Fahren, bei dem ein größerer Abstand zwischen den Fahrzeugen angenommen wird.

RSUs und Fahrzeuge können Informationen von lokalen Sensoren und Fahrzeugen in der Nähe sammeln und untereinander austauschen, um die Manöver oder Fahrabsichten der umgebenden Fahrzeuge zu koordinieren. Durch das Teilen der Fahrabsicht eines Fahrzeugs mit Fahrzeugen in der Nähe können sichereres Fahren, höhere Verkehrseffizienz und Kollisionsvermeidung erreicht werden.

Extended Sensors ermöglichen den Austausch von Daten und Informationen von lokalen Sensoren oder den Austausch von Kamera-Videodaten zwischen RSUs, Fahrzeugen, Geräten von Fußgängern und V2N-Anwendungen. Mit Extended Sensors können Fahrzeuge die Wahrnehmung der Umgebung verbessern, um intelligentere Entscheidungen treffen zu können. Zu den Anwendungsfällen für Extended Sensors gehören die gemeinsame Nutzung von Sensoren und Zustandskarten, die kollektive Wahrnehmung der Umgebung und die gemeinsame Nutzung von Videodaten für das automatisierte Fahren. Die 3GPP unterscheidet auch hier für die Definition der Anforderungen in den Stufen des autonomen Fahrens. Für eine hohe Stufe des autonomen Fahrens liegen die Anforderungen je nach Datenrate und Reichweite bei einer Latenz zwischen 3-10 ms und einer Zuverlässigkeit zwischen 95-99,999 %.

Das wichtigste Argument für 5G ist das Thema Sicherheit. 5G ist dank des Anwendungsbereiches uRLLC (engl.: ultra reliable low latency communication), welcher eine garantierte Übertragungsqualität mit fest definierten Bandbreiten und ultrakurzer Latenzzeit zusichert, ideal für die Kommunikation und Steuerung selbstfahrender Autos geeignet. Dadurch kann eine schnelle und verzögerungsfreie Übertragung auch größerer Datenmengen realisiert werden. Hier ist 5G dem Vorgängerstandard 4G LTE meilenweit überlegen. Eine geringe Latenzzeit ist besonders wichtig für kritische Anwendungen, die fast in Echtzeit kommunizieren müssen, zum Beispiel beim vernetzten und autonomen Fahren. Denn gerade im Straßenverkehr sind Verzögerungen häufig entscheidend über Leben oder Tod. Für diese Anwendungen sieht der 5G-Standard in der Übertragung eine Latenzzeit von maximal 1 ms vor. Im 4G-Standard liegen die Latenzzeiten bei ca. 4 ms.

Durch die in den 5G-Standard implementierte Network Slicing-Technologie wird zusätzlich erstmals eine Datenübertragung möglich, die eine Übertragungsqualität von bis zu 99,9999 %, eine Bandbreite von 1 Gbit/s und eine Latenzzeit von 1 ms fest zusichert. Aufgrund der sehr geringen Latenz und der hohen Zuverlässigkeit kann beim Platooning der Fahrzeugabstand noch weiter minimiert werden. Umgerechnet auf eine verbindliche Reaktionszeit von 2 Millisekunden könnten Fahrzeuge in einem Abstand von 80 Zentimetern in Reihe fahren. Dies würde zu einer weiteren Einsparung von Kraftstoff führen, da die Fahrzeuge in dem Windschatten des vorderen Fahrzeugs fahren. Des Weiteren ergeben sich eine noch bessere Nutzung des Straßenraums und ein effizienterer Warentransport.

In Bezug auf das Advanced Driving können erstmals sehr kritische Ausweichmanöver realisiert werden, die die Anforderung einer extrem geringen Latenzzeit haben. Dadurch lassen sich Verkehrsunfälle minimieren und die Verkehrssicherheit lässt sich erhöhen. Darüber hinaus bietet 5G die Möglichkeit, Verkehrsflüsse in Echtzeit zu koordinieren.

Bei Extended Sensors bietet 5G den Vorteil einer Echtzeit-Situationsanalyse. Aufgrund der hohen Bandbreite und geringen Latenz können hochauflösende Sensor- oder Videodaten anderen Fahrzeugen in Echtzeit zur Verfügung gestellt werden, um die Wahrnehmung der Umgebung zu verbessern. Zusätzlich können die hochauflösenden Daten auch anderen, weiter entfernten Fahrzeugen mit einer minimalen Latenz zur Verfügung gestellt werden.

Das Remote Driving wird erstmals durch 5G mit höheren Geschwindigkeiten möglich, da die älteren Mobilfunkstandards die Anforderung an die Latenz nicht erfüllen konnten.

Ein weiterer wichtiger Punkt ist die Einbindung von Cloud-Computing-Diensten. Weil ein vollautomatisiertes Auto zukünftig pro Minute bis zu ein Gigabyte Daten erheben wird, wäre eine Verarbeitung dieser Daten direkt im Fahrzeug kaum realisierbar. So müssen bspw. die Videodaten des Kamerasystems eines Fahrzeuges zukünftig nicht mehr zwingend im Fahrzeug selber verarbeitet werden, sondern sie lassen sich im Millisekunden-Bereich in der Cloud auswerten.

21.10 CAMPUSNETZE

Für Campusnetze steht in Deutschland der Frequenzbereich zwischen 3.700 und 3.800 MHz zur Verfügung. Um in diesem Frequenzbereich senden zu dürfen, muss eine Lizenz bei der Bundesnetzagentur beantragt werden. Die Frequenzen werden hierbei technologieneutral zugeteilt, das heißt, dass auch andere Technologien als 5G (z. B. LTE) zum Aufbau eines Campusnetzes genutzt werden können. Ein Antrag kann hierbei für ein Gebiet gestellt werden, welches aus mehreren zusammenhängenden Grundstücken besteht. So wird z. B. für einen Industriepark nur ein Antrag benötigt. Auch können sich mehrere Parteien für einen Antrag zusammenschließen, dies kann z. B. bei einem Antrag von mehreren Landwirten von Vorteil sein.

Ein Antrag ist auf 10 Jahre befristet. Danach kann die Nutzung der Frequenzen jedoch verlängert werden. Die zugeteilten Frequenzen und Bandbreiten müssen genutzt werden, ansonsten verfällt die Lizenz binnen eines Jahres.

Soll eine Frequenznutzung beantragt werden, so muss neben dem Antrag mit technischen und geografischen Randbedingungen (Frequenz, Bandbreite, zu versorgendes Gebiet etc.) auch ein Frequenznutzungskonzept eingereicht werden. Hierin soll beschrieben werden, wozu die Frequenzen genau genutzt werden. Insbesondere muss die beantragte Bandbreite begründet werden. Neben dem Frequenznutzungskonzept muss dem Antrag auch eine Bestätigung der Antragsberechtigung sowie der Fachkunde beigefügt werden. Befinden sich in der Nähe des zu versorgenden Gebietes weitere Betreiber von Campusnetzen, so ist es sinnvoll, sich mit diesen abzusprechen, um eventuelle Störungen zu verhindern.

Die schriftlich festgehaltenen Betreiberabsprachen sollten dem Antrag beigefügt werden. Zuletzt wird, falls vorhanden, auch ein Auszug aus dem Handelsregister benötigt.

In Deutschland werden für den Betrieb verschiedene technische Rahmenbedingungen vorgeschrieben. So müssen die genutzten Frequenzen im Frequenzbereich zwischen 3.700 und 3.800 MHz liegen. Die genutzte Bandbreite wird hier in 10 MHz-Blöcken vergeben. Anders als im Mobilfunknetz darf hierbei als Duplexverfahren ausschließlich der Zeitduplex (TDD) verwendet werden. Die Sendeleistung der Basisstationen ist nicht begrenzt, es müssen jedoch die Personenschutzgrenzwerte eingehalten werden. Für mobile Endgeräte ist die Sendeleistung auf maximal 28 dBm TRP begrenzt, das bedeutet, dass nur maximal 630 mW an Ausgangsleistung von der Antenne des Gerätes abgestrahlt werden dürfen. Hierbei ist die Richtcharakteristik der Antenne nicht entscheidend.

Außerhalb des Zuteilungsgebietes sind die Feldstärkewerte zunächst nicht begrenzt, das bedeutet, dass das Funksignal auch über die Grenzen des zu versorgenden Gebietes hinaus strahlen darf. Treten jedoch durch das Funksignal Störungen, z. B. bei einem benachbarten Campusnetz, auf, kann von der Bundesnetzagentur ein Grenzwert von 32 dBμV/m/5MHz in 3 m Höhe festgelegt werden. Dies bedeutet, dass pro 5 MHz Bandbreite maximal 40 μV/m an Feldstärke gemessen werden dürfen. Also dürften bei einer Bandbreite von 50 MHz maximal 400 μV/m an Feldstärke außerhalb des zu versorgenden Gebietes auftreten. Damit erst gar kein Grenzwert festgeschrieben werden muss, ist es wichtig, dass sich benachbarte Betreiber von Campusnetzen absprechen.

Campusnetze können auf verschiedene Weise realisiert werden. So kann mit entsprechendem Know-how ein Campusnetz selbstständig geplant, errichtet und betrieben werden. Oft ist dieses Wissen jedoch nicht bei den Nutzern der Campusnetze vorhanden. In diesem Fall kann entweder eine externe Beratungsfirma den Aufbau und Betrieb des Netzes unterstützen oder es kann auf Angebote von Netzbetreibern zurückgegriffen werden. Diese bieten verschiedene Möglichkeiten des Netzzugangs an. So können auf dem Firmengelände Mobilfunkstationen des Netzbetreibers errichtet werden, welche nur das öffentliche Funknetz ausstrahlen. Eine weitere Möglichkeit des Netzzugangs ist es, eine Virtuelle Slice innerhalb des öffentlichen Netzes zu nutzen. Hierbei werden die anfallenden Daten logisch getrennt von dem Verkehr des öffentlichen Netzes transportiert. Um bestimmte

Quality of Servie (QoS)-Parameter festzulegen, reicht jedoch eine Virtuelle Slice nicht aus. Hierfür wird eine Network Slice mit lokaler User Plane benötigt.

Die drei Netzbetreiber (Telekom, Vodafone, Telefonica) haben verschiedene Angebote für Campusnetze. So bietet die Telekom den Ausbau des öffentlichen Netzes auf dem Firmengelände, ein virtuelles Netzwerk innerhalb des öffentlichen Netzes oder Unterstützung bei einem komplett eigenständigen Netzwerk an. Neben einem virtuellen Netzwerk innerhalb des öffentlichen Netzes und der Unterstützung eines eigenen Netzes bietet Vodafone auch ein hybrides Netz mit eigenem Zugangsnetz mit Anbindung an das öffentliche Kernnetz an. Hierfür wird die sog. Vodafone Red-Box bei dem Kunden installiert. In dieser ist die Hardware für den Betrieb der Antennen sowie die Verbindung mit eigenen Rechenzentren der Nutzer sowie des Kernnetzes von Vodafone untergebracht.

Telefonica hat aktuell (Stand Dezember 2020) nur Pilotprojekte mit eigenständigen Netzwerken unterstützt. In Zukunft ist hier auch ein hybrides Netz mit eigenem Zugangsnetz der Kunden, ähnlich wie bei Vodafone, geplant. Es existieren verschiedene Anbieter von 5G-Basisstationen. Dies sind unter anderem Nokia, Ericsson und Huawei. Leider sind die Anschaffungskosten der Basisstationen dieser Hersteller nicht öffentlich einsehbar. Die Basisstationen AirScale Radio Access von Nokia und AIR 6488 bzw. AIR 5121 von Ericsson unterstützen neben 5G auch die vorherigen Standards 2G, 3G und 4G. Die Basisstation von Huawei unterstütz lediglich 4G und 5G.

In diesem Abschnitt sollen zwei verschiedene Campusnetze vorgestellt werden. Ein Campusnetz wird in der ‚Factory 56“, einem Pilotprojekt von Mercedes-Benz in Kooperation mit Telefonica und Ericsson, eingesetzt. Hierbei handelt es sich um eine moderne Fabrik zur Automobilherstellung. 5G soll hier die flexible Gestaltung von Produktionsanlagen ermöglichen. Das Ziel ist es somit, die Anpassung der Produktionsanlagen an ein neues Fahrzeugmodell einfacher und flexibler zu gestalten. Bei diesem Netzwerk wird ein eigenes Kernnetz verwendet.

Ein anders Beispiel für ein Campusnetz ist das Pionierwerk von Bosh in Feuerbach. Hier wird 5G für den Transport von Gütern mit fahrerlosen Transportfahrzeugen auf einer Fläche von knapp 10.000 m^2 verwendet. Entwickelt wurde dieses Netzwerk in Kooperation mit Nokia. Als Zugangsnetz werden kleine Funkzellen, sogenannte „Small Cells“, verwendet. Das Netz ist in die schon vorhandene IT-Infrastruktur eingebunden worden.

In diesem Abschnitt wurde versucht, einen Überblick über 5G-Campusnetze zu geben. Ein wichtiger Aspekt von Campusnetzen ist, dass diese nicht nur eigenständig errichtet werden können, sondern dass auch die Infrastruktur der Netzbetreiber zum Aufbau von Campusnetzen verwendet werden kann. Um ein Campusnetz in Deutschland zu errichten, müssen die für Campusnetze vorgesehenen Frequenzen im Bereich zwischen 3.700 und 3.800 MHz bei der Bundesnetzagentur erworben werden. Hierbei ist zu beachten, dass die beantragten Frequenzen und Bandbreiten auch genutzt werden, da diese ansonsten verfallen.

Die Kosten für den Erwerb einer Lizenz machen mit einigen tausend Euro jährlich jedoch nur einen Bruchteil der Betriebskosten aus. Diese belaufen sich für einen mittelständischen Betrieb auf 100.000-200.000 € jährlich. Trotz dieser relativ hohen Kosten können 5G-Campusnetze jedoch einen Beitrag dazu leisten, dass Prozesse in Fabriken flexibler angepasst werden können und die Landwirtschaft durch verschiedene Anwendungen effizienter gestaltet werden kann. Abzuwarten ist, inwieweit Campusnetze von den Unternehmen und Landwirten angenommen werden und welche neuen Anwendungen in Zukunft für Campusnetze entwickelt werden.

22. Nachhaltigkeit im Alltag

Das möglichst nachhaltige Leben jedes Einzelnen soll zur Lösung der Probleme dieser Zeit beitragen. Zu diesen Problemen gehören z. B. der Klimawandel, der Plastikmüll in der Umwelt, das Artensterben, die Wasserknappheit, die Abholzung der Wälder und vieles mehr. Wenn Sie sich für diese Thematik interessieren, haben Sie im Haushalt sicherlich schon einige Änderungen vorgenommen. Aber auch unterwegs können Sie mit kleinen Entscheidungen der Umwelt etwas Gutes tun. Hier eine schöne Auflistung, von der Sie gerne den einen oder anderen Punkt erfüllen können.

- ✓ Verzichten Sie auf eine Quittung
- ✓ Nutzen Sie digitale Dokumente
- ✓ Vermeiden Sie Visitenkarten
- ✓ Lehnen Sie Plastikstrohhalme ab
- ✓ Verzichten Sie auf Produkte mit Mikroplastik und Palmöl
- ✓ Umgehen Sie Becher to go
- ✓ Genießen Sie Ihr Eis aus der Waffel
- ✓ Halten Sie Einkaufstaschen bereit
- ✓ Stecken Sie sich eine eigene Trinkflasche ein
- ✓ Wählen Sie Glas anstelle von Plastik
- ✓ Picknicken Sie ohne Plastikgeschirr
- ✓ Achten Sie auf die Müllentsorgung
- ✓ Reduzieren Sie Ihren Fleischkonsum
- ✓ Vermeiden Sie unnötige Verpackungen
- ✓ Kaufen Sie regional
- ✓ Greifen Sie auf recycelte Produkte zurück
- ✓ Reparieren Sie Dinge, anstatt sie wegzuwerfen
- ✓ Vermeiden Sie das Auto
- ✓ Nutzen Sie Ihr Fahrrad oder öffentliche Verkehrsmittel
- ✓ Machen Sie Fahrgemeinschaften
- ✓ Inspirieren Sie Ihre Freunde

23. Politik

Politik ist ein Meer mit unendlich vielen Möglichkeiten. Doch wie findet man den richtigen Einstieg in dieses Meer, ohne es (wie es in der Bibel steht) zu teilen? Darum wird es in diesem Abschnitt gehen. Politik ist eine fachübergreifende Metadisziplin, die sich mit der Souveränitätsausübung des Volkes in einer Demokratie und der möglichst hohen Entmachtung des Volkes in einem totalitären Regime beschäftigt. Wir bleiben aber in unserer herrschenden parlamentarischen Demokratie in der Bundesrepublik Deutschland.

Im Parteiensystem ist der Weg in die Politik wie folgt gegliedert: Sie werden Mitglied einer Partei und engagieren sich tatkräftig. Dies findet zunächst auf der kommunalen Ebene statt. Zumeist liegt die unterste Machtausübung der Parteien auf Kreisebene. In Deutschland befinden Sie sich zwangsläufig in einem von 299 Kreisen. Sprechen Sie also Ihren ortsansässigen Kreisverband an!

Unter den Kreisverbänden liegen die Stadtverbände. Diese haben meist keine andere Aufgabe als die Mitgliedergewinnung und die Durchführung von bürgernahen Stammtischen. Auf Landesebene wird es schon schwieriger. Unterstützt von den Bezirken, stellt diese das Bindeglied zwischen Land und Kreis dar. Danach kommt nur noch der Bund.

Wollen Sie also eine politische Karriere angehen, so macht es Sinn, diese Leiter von unten nach oben durchzufahren. Dies beinhaltet zwei Ebenen: Verband und Fraktion. Ein Verband, wie z. B. ein Kreisverband, kümmert sich administrativ um die Probleme und Themen innerhalb der Partei. Politik wird letztendlich im Parlament gemacht. Angefangen beim Gemeinde-/Stadtrat über den Kreis- und Landtag bis hin zum Bundestag. Hier sitzen Fraktionen der antretenden Parteien. Fangen Sie in Ihrem politischen Leben auch eher auf unterer Ebene an, um Erfahrungen zu sammeln, Kontakte zu knüpfen und Parlamentarismus zu erlernen. Viel Erfolg!

24. Praktikum

Ein Praktikum ermöglicht Ihnen, erste Eindrücke von einem Betrieb und einem Beruf zu erlangen. Sie lernen die Abläufe und auch neue Kollegen kennen. Dies ist bereits ein großer Erfolg. Wenn Sie anstreben, in dem ausgewählten Betrieb angestellt zu werden, dann haben Sie einen guten Eindruck zu hinterlassen, und das unabhängig von Ihrem Alter. Schließlich kann man auch noch mit mittlerem Alter ein Praktikum absolvieren.

Achten Sie darauf, dass Sie saubere Kleidung tragen und keinen unangenehmen Geruch verbreiten. Wenn Sie sich gut mit den Mitarbeitern verstehen, ist dies ein deutlicher Pluspunkt. Gerne können Sie auch nach einer Anstellung fragen. In die Abläufe müssen Sie sich erst einmal reinfinden. Es ist also in Ordnung, wenn nicht direkt auf Anhieb alles funktioniert. Arbeiten sollten allerdings ordentlich und bewusst durchgeführt werden. Bei Unsicherheiten haben Sie nachzufragen.

Ich kann Ihnen versichern – das wird schon. Jeder hat einmal klein angefangen. Geben Sie sich Mühe und schauen Sie mit Begeisterung auf die neuen Erfahrungen und Eindrücke.

25. Produktstellung des Unternehmens

Damit ein Unternehmen erfolgreich sein kann, sind die Produkte von großer Bedeutung. Egal, wie gut die Marke oder die Preise sind, letzten Endes entscheidet das Produktprogramm über Umsatz und Absatz. Damit Sie einen guten Überblick in dieses Themengebiet erhalten, sollten Sie definitiv weiterlesen und Ihr Wissen erweitern. Es wird sich lohnen!

25.1 DER IDEALTYPISCHE PRODUKTLEBENSZYKLUS

Der Produktlebenszyklus, kurz PLZ, beschreibt die Marktphase, in der sich das jeweilige Produkt aktuell befindet. Dabei wird zwischen 6 Phasen differenziert. Natürlich gibt es Zyklen, die vom idealtypischen PLZ abweichen. Oft handelt es sich hierbei dann um saisonale Produkte, Trendprodukte oder um einen Flop.

0. Phase: Diese Phase umfasst die Ideenentwicklung und den Markttest. Oft wird sie in der Grafik aber nicht mit aufgeführt.

1. Phase: In der Einführungsphase steigen die Umsätze, ein Gewinn wird aber noch nicht erzielt. Viel Werbung ist notwendig, damit das Produkt bestehen bleibt.

2. Phase: Die Wachstumsphase ist der Zeitpunkt, zu dem der erste Gewinn erzielt wird und Marktanteil gewonnen wird. Oft werden die Konkurrenten nun auf Ihr Produkt aufmerksam.

3. Phase: Am profitabelsten ist die Reifephase. Das Produkt erreicht seinen Höhepunkt und ist auf dem Markt bereits zur Selbstverständlichkeit geworden. Trotz der rückläufigen Wachstumsrate wird weiterhin ein Gewinn erzielt.

4. Phase: Ein Marktwachstum findet in der Sättigungsphase nicht mehr statt. Der Umsatz und die Gewinne sinken und neue Kunden können nur noch mit Variationen oder Modifikationen gewonnen werden.

5. Phase: Die Degeneration ist geprägt vom schrumpfenden Markt. Anteile gehen verloren und neue Konkurrenz führt den Markt. Um Kosten zu sparen und die restmöglichen Gewinne mitzunehmen, sollte eine schnelle Bereinigung durchgeführt werden.

6. Phase: In der letzten Phase, der Nachlaufphase, werden Aktivitäten, wie die Entsorgung oder Desinvestition von Betriebsmitteln, vorgenommen.

25.2 DIE BOSTON-CONSULTING-GROUP

Die Vier-Felder-Matrix zeigt alle Ihre Produkte in einer Matrix an. Dabei ist die Position vom Marktwachstum (%) und vom Marktanteil abhängig. Das Produkt wird als Kreis eingezeichnet. Der Durchmesser ergibt sich aus dem jeweiligen Umsatz. Die Matrix wird unterteilt in insgesamt vier Felder:

- Fragezeichen/Question Marks: In diesem Bereich werden die Nachwuchsprodukte aus der Einführungsphase ausgewiesen. Die Selektionsstrategie ist anzuwenden. Man muss entscheiden, ob in das Produkt investiert wird oder ob eine Aufgabe sinnvoller ist.
- Sterne/Stars: Hierbei geht es konkret um die Umsatzbringer der Wachstumsphase. Da das Produkt unbedingt gefördert werden sollte, spricht man von der Investitionsstrategie.
- Melkkühe/Cash Cows: Diese Produkte sind ebenfalls Umsatzbringer, aber der Reifephase zuzuordnen. Mit der Abschöpfungsstrategie werden Finanzmittel erwirtschaftet.
- Arme Hunde/Poor Dogs: In diesem Bereich sind das Marktwachstum und der -anteil sehr gering. Es geht hier um die Problemprodukte der Unternehmung. Die Desinvestitionsstrategie ist zu wählen. Langfristig sollten diese Produkte herausgenommen werden.

Die BCG-Matrix ermöglicht, dass Chancen und Risiken erkannt werden und so frühzeitig eingegriffen und gehandelt werden kann. Die gute Übersichtlichkeit ermöglicht das schnelle Erkennen von Problemen und das Ablesen der verschiedenen Strategien. Jede Geschäftseinheit kann zugeordnet und bewertet werden, sodass zukünftige Entscheidungen getroffen werden können. Auf der anderen Seite ist jedoch keine genaue Berechnung möglich. Es handelt sich nämlich um eine Momentaufnahme und Abhängigkeiten werden außen vorgelassen. Zudem folgt nicht jedes Produkt dem idealtypischen Produktlebenszyklus. Zusammenfassend handelt es sich somit lediglich um eine vereinfachte Abbildung komplexer Sachverhalte.

25.3 DIE PRODUKT-MARKT-MATRIX

Die Produkt-Markt-Matrix, auch Ansoff-Matrix genannt, beinhaltet zugleich eine Produkt- sowie eine Wachstumsstrategie. Hierbei werden die bestehenden und neuen Produkte auf den aktuellen sowie auf den neuen Markt angewendet. Die nachfolgende Grafik veranschaulicht dies sehr gut.

	Bestehendes Produkt	Neues Produkt
Bestehender Markt	Marktdurchdringung: Förderung durch Werbung, Preissenkungen oder Kundendienste.	Produktentwicklung: Durch Forschungsprojekte werden neue Käufergruppen erreicht.
Neuer Markt	Marktentwicklung: Hier werden neue Märkte im Ausland und/oder für neue Kundengruppen erschlossen.	Diversifikation: Mit der Neugründung werden völlig neue Abnehmerpreise gewonnen.

25.4 DAS PRODUKT- UND PRODUKTIONSPROGRAMM

Bei dem Produktprogramm geht es um das Sortiment, welches ein Unternehmen aufweist. Dazu sind folgende Fachbegriffe zu erlernen:

- Das Kernprogramm: Dies sind Produkte, die das Hauptgeschäft der Unternehmung ausmachen.
- Das Randprogramm: Diese Produkte werden als Ergänzung zu dem Hauptgeschäft angeboten.
- Die Programmbreite: Das ist die Anzahl der verschiedenartigen Waren- und Produktgruppen.
- Die Programmtiefe: Dies ist die Anzahl der Modellvarianten innerhalb der einzelnen Produktgruppe.

Aufgrund der Kundenbedürfnisse, wegen des Umsatzes oder weil Marktveränderungen vorliegen, ist eine ständige Überprüfung und Anpassung des Produkt- und Produktionsprogrammes erforderlich. Unterschieden wird hier zwischen der Produktinnovation, der Produktvariation und der Produktelimination.

25.4.1 Die Produktinnovation

Aufgrund des technischen Fortschritts, wegen der Kundenansprüche oder weil eine Zufallsentdeckung gemacht wurde, kann eine Neueinführung gemacht werden. Bei der Produktdifferenzierung werden neue Produkte der gleichen Produktgruppe eingeführt. Die Produktdiversifikation bezieht sich dabei auf neue Produktgruppen. Zweites kann auf der gleichen Wirtschaftsstufe stattfinden, wobei die Produkte entweder sachlich zusammenhängen oder sachlich getrennt werden. Oder sie findet auf unterschiedlichen Wirtschaftsstufen statt, eine kann dann eine Vor- oder eine Nachstufe sein.

25.4.2 Die Produktvariation

Bei der Produktvariation werden Veränderungen am Produkt vorgenommen. Der Anlass kann dabei vielseitig sein: Wegen der Technik, aufgrund von Produktveralterungen, wegen Kundenwünschen, zur Ansprache neuer Zielgruppen oder zur Abwehr von Konkurrenzprodukten. Je nach Wunsch kann die Produktvariation anders ausfallen:

- Ästhetische Variation bzgl. Farbe, Stil oder Form
- Imagevariation
- Namensvariation
- Zusatzleistungen wie ein Kundendienst oder Garantieerweiterungen
- Physisch-funktionelle Variation

25.4.3 Die Produktelimination

Aus den unterschiedlichsten Gründen können Produktvarianten oder auch ganze Produktgruppen aus dem Programm herausgenommen werden. Diese werden gleich aufgeführt. Zu beachten ist, dass ein verlustbringendes Erzeugnis den Absatz anderer Leistungen fördern kann, z. B. wenn es sich um ein Komplementärgut (= sich ergänzendes Produkt) handelt!

Die Gründe einer Herausnahme können sein:
- Modeveränderungen
- Stärkere Entwicklung der Konkurrenz
- Position im Produktlebenszyklus
- Stellung im Produktionsprogramm
- Negativer Umsatz
- Marktanteil sinkt
- Abdeckungsbeitrag der Fixkosten sinkt
- Änderung der gesetzlichen Vorschriften
- Sinkende Rentabilität

26. Schach lernen

Dieses Kapitel bietet Ihnen den praktischen Überblick über die zu beachtenden Grundlagen und Regeln, welche vor und während des Schachspiels zu berücksichtigen sind.

26.1 DAS SCHACHBRETT

Das Schachbrett ist grundsätzlich quadratisch und enthält 64 quadratische Felder. Die Felder sind in 8 horizontalen und 8 vertikalen Linien angeordnet. Die Schachfelder sind entweder hell oder dunkel. Das helle Feld wird als weißes Feld und das dunkle Feld als schwarzes Feld bezeichnet. Die Farben dieser Schachfelder wechseln sich vertikal und horizontal ab und erzeugen so ein typisches weltberühmtes Schachbrettmuster. Bei dieser Anordnung enthält das Schachbrett entsprechend 32 dunkle Schachbrettfelder und 32 helle Schachbrettfelder, auf denen die Schachfiguren bewegt werden. Wenn zwei Personen jetzt Schach spielen möchten, platzieren Sie das Brett zwischen den Spielern, sodass in der unteren rechten Ecke der ersten Reihe immer ein Lichtfeld vorhanden ist. Um jedes Schachfeld eindeutig identifizieren zu können, finden Sie die Buchstaben a bis h und die Zahlen 1 bis 8 am Rand der Tafel. Die Reihen werden durch Zahlen und die Linien durch Buchstaben dargestellt. Aus der Sicht eines Spielers mit weißen Steinen sind die Reihen von unten nach oben mit den Nummern 1 bis 8 und von links nach rechts mit den Buchstaben a bis h gekennzeichnet. Aus der Sicht eines Spielers mit einem weißen Bauern ist das Feld in der unteren linken Ecke mit a1 und das Feld in der oberen rechten Ecke mit h8 bezeichnet.

Übrigens ist die Dame jedes Spielers immer in einem eigenen Farbfeld. Die Dame mit dunklen Schachfiguren steht in einem dunklen Bereich, während die Dame mit hellen Schachfiguren in einem hellen Bereich steht.

26.2 DIE SCHACHFIGUREN

Ähnlich wie bei einem Schachbrett können Schachfiguren verschiedene Formen, Farben, Größen und Materialien haben. In einem vollständigen Schachspiel (hauptsächlich in einem Schachcomputer) werden alle Komponenten angegeben. Der Vorteil eines einzelnen Stücks ist jedoch, dass Sie Ihren persönlichen Geschmack einfließen lassen können. Die Schachfiguren können aus den unterschiedlichsten Materialien wie Holz oder Glas hergestellt werden.

Bei dem Schachspielen stehen jedem Spieler 16 Figuren zur Verfügung, die sich in der Farbe unterscheiden. Spieler mit weißen Figuren erhalten 16 weiße Schachfiguren und Spieler mit schwarzen Figuren erhalten 16 schwarze Figuren. Jede der 16 Schachfiguren besteht aus:

- ✓ 1 König
- ✓ 1Dame
- ✓ 2 Türme
- ✓ 2 Läufer
- ✓ 2 Springer
- ✓ 8 Bauern

Wenn Sie alle Schachfiguren auf das Brett gelegt haben, erreichen Sie die folgende Grundposition:

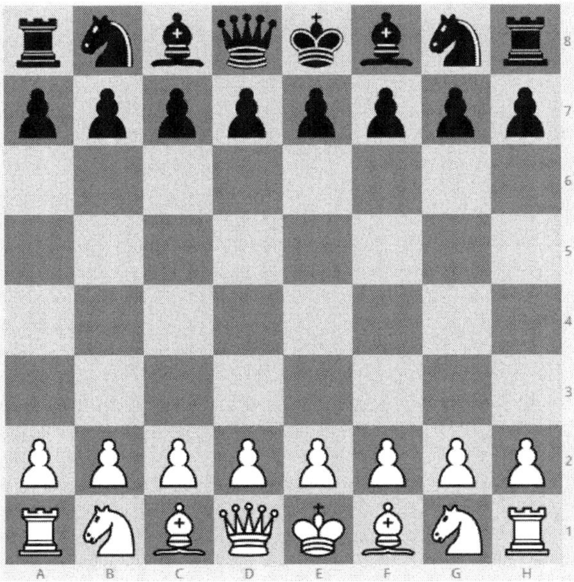

Abbildung 2: Grundstellung der Figuren beim Schach

Im Schach werden Schachfiguren in leichte und schwere Figuren unterteilt. Die leichten Charaktere sind der Springer und der Läufer. Damen und Neulinge sind schwere Charaktere. Schwere Schachfiguren können den gegnerischen König nur mit Hilfe ihres eigenen Königs in Schwierigkeiten bringen, leichte Schachfiguren dagegen nicht. Nicht nur aus diesem Grund haben schwere Zahlen automatisch auch einen höheren Spielwert als leichte Zahlen. Der Wert jeder Figur wird in den sog. Bauerneinheiten angegeben. Eine Bauerneinheit ist einen Bauernwert wert. Verschiedene Schachfiguren haben folgende Werte:

- Springer: 3 Bauern
- Läufer: 3 Bauern
- Turm: 5 Bauern
- Dame: 9 Bauern

Der König befindet sich immer auf dem Feld, da er nicht gefangen genommen werden kann. Deshalb wird ihm auch keine Bauerneinheit als Wert angerechnet.

26.3 DAS SCHACHSPIEL

Wenn Sie anfangen, Schach zu spielen, müssen Sie zuerst lernen, wie man jede Figur bewegt. Tatsächlich ist die Art und Weise, wie sich jeder Charakter bewegt, sehr unterschiedlich. Jeder Zug bestimmt, wie sich die Schachfiguren über das Spielfeld bewegen.

26.3.1 Der König

Die Handlungen des Königs sind schnell und leicht zu lernen. Der König kann sich pro Umdrehung nur 1 Quadratzoll in gerader oder diagonaler Richtung bewegen. Die einzige mögliche Ausnahme von dieser Regel ist die sog. Rochade. Hier macht der König 2 Schritte auf den Turm zu, während der Turm noch im selben Spielzug über den König hinweg auf das direkte Nachbarsfeld gesetzt wird. Bei der Rochade wird zwischen kurzen und langen Rochaden unterschieden. Die Kurze findet auf der Seite des Königs statt und die lange Rochade geschieht am Damenflügel.

26.3.2 Die Dame

Im Spiel gilt die Dame als stärkste Schachfigur. Sie kann sich gerade und auch diagonal beliebig weit bewegen, solange ihr bei dem Zug keine andere Figur den Weg abschneidet.

26.3.3 Der Turm

Als zweitstärkster Teil auf dem Spielbrett kann der Turm sich in einer geraden Linie bewegen, solange keine anderen Hindernisse vorhanden sind. Die Ausnahme von dieser Regel gilt nur für den oben genannten früheren Rochade, der mit dem Involvieren des Königs geschehen ist.

26.3.4 Der Läufer

Solange es keine andere Person gibt, kann sich der Läufer überall auf der Diagonalen bewegen. Da sich der Läufer im gesamten Spiel nur diagonal bewegen kann, ist er die einzige Figur, die auf dem Quadrat ihrer Ausgangsfarbe verbleibt.

26.3.5 Der Springer

Der Springer bewegt sich zwei Felder in einer geraden Linie und dann ein Feld im rechten Winkel nach links oder rechts. Das Besondere dabei ist, dass der Springer mit seinen eigenen Aktionen auch über alle anderen Schachfiguren springen kann. Daher nahm der Springer seinen Namen.

26.3.6 Der Bauer

Der Bauer kann sich ein oder zwei Felder von seiner ursprünglichen Position vorwärtsbewegen. Danach kann sich die Schachfigur nur noch ein Feld pro Zug vorwärtsbewegen. Die Bauern können ihre Truppen nicht abziehen. Der Bauer kann andere Trümmer nur in einem Winkel nach links oder rechts erfassen. Bei dem Erfassen anderer Figuren hat der Bauer jedoch eine besondere Funktion. Diese Besonderheit wird als "Passage" bezeichnet. Wenn ein Bauer mehr als das Doppelte der Fangfläche aus seiner Ausgangsposition zieht, kann der Bauer einen weiteren vorbeikommenden Bauern fangen. In der Praxis scheint das gegnerische Stück nur einen Schritt in Richtung des Bauern gemacht zu haben anstatt zwei Schritte.

26.4 DAS ENDSPIEL

Das Endspiel ist die letzte Stufe des Schachs. Die meisten Schachfiguren existieren nicht mehr und die Schachfiguren und der König spielen jetzt eine zentrale Rolle. Diejenigen, die einen wesentlichen Vorteil haben, um das Finale zu erreichen, haben normalerweise den Vorteil und kämpfen um den Sieg.

Die Fähigkeit, einen Gegner schachmatt zu setzen, ist logischerweise die wichtigste Fähigkeit im Endspiel. Daher sollten Sie alle möglichen Mattsituationen kennen. Wenn Sie dies drauf haben, können Sie sicher in das Finale gehen.

26.5 DIE SCHACHUHR

Wenn Sie nationale oder internationale Schachturniere schauen, sehen Sie auf jedem Brett eine Schachuhr. Neben dem Schachbrett und den Schachfiguren gehört eine Schachuhr mittlerweile oft zur Standardausrüstung eines Schachspiels. Die Schachuhr wird verwendet, um die Denkzeit der Spieler bei dem Schachspielen zu messen und zu begrenzen. Außerdem sollte die Schachuhr anzeigen, wann der Schachspieler seine Denkzeit aufgebraucht hat. Wenn ein Spieler keine Zeit mehr zum Nachdenken hat, verliert er automatisch eine Schachpartie, egal, wie das Brett aussieht. Zusätzlich zu den Funktionen des Schachs hat das Zeitmanagement aufgrund der Einführung von Schachuhren und geeigneten Zeitformaten zunehmend an Bedeutung gewonnen.

Schachspieler müssen lernen, wie sie ihre Denkzeit am besten verwalten können. Die begrenzte Denkzeit spielt eine sehr wichtige Rolle, insbesondere bei Schnell- und Angriffsschachspielen. Im Vergleich zu normalen Uhren besteht der Vorteil von Schachuhren darin, dass Sie die Denkzeit von zwei Spielern unabhängig voneinander messen können. Wenn Sie jedoch nur mit Ihrem Schachpartner Schach spielen möchten und die Zeit zum Nachdenken keine Rolle spielt, brauchen Sie überhaupt keine Schachuhr.

27. Sprachen lernen

Das Lernen einer Fremdsprache lohnt sich allemal. Sie beeindrucken nicht nur, sondern erweitern auch Ihren Horizont. Sie können das Erlernte auf Reisen anwenden und auch neue Leute kennenlernen.

Was ist alles wichtig für effektives und nachhaltiges Lernen? Hier lernen Sie die Grundlagen kennen, um die Lernkurve zu steigern.

27.1 DAS PRINZIP DES SPRACHENLERNENS

An aller erster Stelle steht die Anwendung. Alles, was Sie lernen, muss auch angewendet werden, andernfalls werden Sie die Fremdsprache nie beherrschen.

Mit der Anwendung ist gemeint, dass Sie die Sprache sprechen. Benutzen Sie die erlernten Vokabeln aktiv in einem Gespräch. Auch die Grammatikregeln müssen auf diese Weise trainiert werden, bis sie sitzen. Haben Sie keine Angst, Fehler zu machen. Jeder weiß, dass Sie die Sprache gerade erst lernen, und dann wird Ihnen das keiner Übel nehmen. Haben Sie keine Angst.

28. Yoga

Unser Körper versucht immer, in das Gleichgewicht zu finden, egal, wie stressig der Tag auch war. Leider ist es heutzutage so, dass der Stress im Alltag immer mehr zunimmt und man oft nicht mehr zur Ruhe findet. Vielleicht geht es Ihnen genauso und eventuell sind Sie bereits auf diese alte indische Körperlehre gestoßen? Hier werden Sie mehr über das Thema erfahren.

28.1 DEFINITION YOGA

Das Yoga ist eine indische Lehre, welche dort ein Teil der hinduistischen Lehre darstellt. Sie hält Ihren Körper, Ihren Geist und Ihre Seele gesund. Langfristig sollen so alle körperlichen und seelischen Leiden überwunden werden. Die Technik hat sich dabei über Jahre hinweg immer weiterentwickelt und ist heute auf der ganzen Welt in verschiedenen Formen zu finden.

Unterschieden werden kann dabei im Groben und Ganzen zwischen der spirituellen Dimension und der Körperübung. Zweites ist hier bei uns gut verbreitet und auf diesen Aspekt wird sich auch dieses Kapitel richten. Welche Auswirkungen die körperlichen Übungen, auch Asanas genannt, haben, sehen Sie nun in der folgenden Auflistung:

- Entspannung für Nervensystem, Wirbelsäule und Rücken
- Verbesserung der Herz- und Lungenfunktion
- Steigerung der Leistungsfähigkeit des Gehirns
- Gleichgewicht der Hormone und Emotionen
- Entgiftung des Körpers – ideal z. B. bei dem Abnehmen
- Stärkung des Immunsystems
- Förderung von Stärke und Kopfgefühl
- Steigerung der Geduld und Entspannung
- Verbesserung der Konzentration
- Stärkung des Selbstvertrauens
- Steigende Kreativität
- Gefühl der Bodenständigkeit

- Schärfere Intuition
- Und vieles mehr ...

Wird bei dem Yoga bewusst eine bestimmte Haltung eingenommen, so bringt dies unzählige Vorteile mit sich. Dabei kann man die Techniken ruhig, aber auch sportlich angehen. Der Vorteil: Es kann jederzeit und überall praktiziert werden. Wichtig ist ein Outfit, in dem Sie sich komplett entspannen können. Als Zubehör kann man Kissen, Decken oder Gurte hinzunehmen. Diese sind aber nicht zwingend erforderlich, sie sind abhängig von der jeweiligen Übung. Daheim wäre auch eine Matte nicht verkehrt. Machen Sie es sich gemütlich, schmeißen Sie alle Ausreden über Bord und beginnen Sie jetzt!

28.2 VERSCHIEDENE TECHNIKEN

Bei dem Yoga werden unzählige Techniken angeboten. Hier werde ich Ihnen drei zur Einführung vorstellen. Weitere Übungen können Sie schnell im Internet ausmachen oder Sie nehmen an einem Kurs teil.

28.2.1 Diagonale Katze

1. Kommen Sie auf alle Viere und platzieren Sie Ihre Handgelenke unter Ihrem Schultergelenk. Lassen Sie Ihre Arme dabei gestreckt. Platzieren Sie die Kniegelenke unter den Hüftgelenken und richten Sie die Fußgelenke so aus, dass sie in einer Linie mit Ihren Kniegelenken sind. Strecken Sie entweder die Zehen aus oder legen Sie den Fußrücken ab. Lassen Sie auch Ihren Rücken gerade ausgerichtet und den Hinterkopf in einer Linie mit Ihrer Wirbelsäule. Ziehen Sie Ihren Bauchnabel leicht nach innen und sanft nach oben, der Atem fließt selbstverständlich weiterhin tief ein und aus.

2. Spannen Sie mit Ihrer nächsten Ausatmung Ihre Bauchmuskeln an und mit der nächsten Einatmung heben Sie Ihren rechten Arm auf Schulterhöhe und Ihr linkes Bein mit gestrecktem Fuß auf Hüfthöhe. Strecken und spreizen Sie außerdem die Finger von dem gehobenen Arm und zeigen Sie mit dem Daumen nach oben zur Decke. Achten Sie darauf, dass Ihre Hüfte parallel zu dem Boden ausgerichtet ist und sich nicht verdreht.

3. Halten Sie diese Position für ungefähr 15-30 Sekunden, atmen Sie weiterhin tief ein und aus. Vergessen Sie nicht, die Bauchspannung dabei zu halten, um ein Hohlkreuz im unteren Rücken zu vermeiden.

4. Kommen Sie zurück in die Ausgangshaltung und führen Sie die Übung nun andersherum aus, indem Sie die Schritte erneut verfolgen, aber dann mit dem anderen Arm und dem anderen Bein.

28.2.2 Die Kobra

1. Fangen Sie an, indem Sie sich flach auf den Bauch legen und die Stirn auf die Matte ablegen. Dadurch knickt Ihre Wirbelsäule nicht ein. Legen Sie Ihre Fußoberseite ebenfalls flach auf den Boden und positionieren Sie diese hüftbreit.

2. Nehmen Sie jetzt Ihre Ellenbogen so weit zurück, dass Sie Ihre Hände flach und nah am Körper kurz oberhalb der Brusthöhe aufsetzen können. Ihre Fingerspitzen sollten nach vorne zeigen. Lösen Sie jetzt Ihren Kopf langsam von der Matte und richten Sie sich ein wenig auf. Achten Sie weiterhin darauf, regelmäßig ruhig ein- und auszuatmen.

3. Fangen Sie jetzt an, den Oberkörper Wirbel für Wirbel aufzurichten. Heben Sie dabei Schultern, Brust und Bauch nach oben und strecken Sie Ihre Arme so schrittweise mit. Achten Sie auch darauf, die Gesäßmuskeln dabei zu entspannen.

4. Richten Sie Ihren Kopf auf und blicken Sie gerade nach vorne oder leicht nach oben, sodass Sie eine gerade Linie mit der Wirbelsäule bilden.

5. Atmen Sie jetzt einige Male langsam ein und aus und genießen Sie die Streckung und Haltung Ihres ganzen Körpers.

6. Wenn für Sie der Zeitpunkt erreicht ist, die Asana wieder aufzulösen, kommen Sie wieder in die Liegeposition. Zeitgleich mit Ihrer langsamen und kontrollierten Atmung senken Sie jetzt nacheinander Kopf, Becken, Bauch und Schultern.

,

28.2.3 Vorwärtsbeuge im Sitzen

1. Setzen Sie sich mit ausgestreckten Beinen auf eine Matte, flexen Sie Ihre Füße und ziehen Sie Ihre Zehen zu sich ran. Platzieren Sie die Hände neben der Hüfte. Die Finger zeigen zu Ihren Füßen. Lassen Sie Ihre Arme gestreckt und halten Sie Ihren Rücken aufrecht.

2. Bei der nächsten Einatmung strecken Sie die Arme senkrecht über die Seite nach oben. Beugen Sie sich dann mit der Ausatmung aus Ihrem Becken heraus nach vorne. Achten Sie darauf, dass Ihr Rücken bei dieser Übung gerade bleibt. Strecken Sie die Hände nach vorne und fassen Sie von oben über Ihre Zehen. Wenn Sie noch nicht so gelenkig sind, können Sie alternativ auch die Hände auf dem Schienbein ablegen.

3. Bei Ihrer nächsten Einatmung strecken Sie sich noch ein bisschen weiter nach vorne und bei der Ausatmung ziehen Sie Ihren Oberkörper mithilfe der Hände noch ein Stück weiter. Achten Sie darauf, dass Sie Ihre Arme hierbei öffnen, sodass Ihre Ellenbogen zur Seite zeigen. Wenn Sie es schaffen, legen Sie jetzt Ihre Stirn auf den Knien ab.

4. Atmen Sie tief und regelmäßig. Während Sie Ihren Oberschenkelmuskel anspannen, ziehen Sie Ihren Rumpf nach vorne, aber achten Sie darauf, dass die Kniekehlen und Beine fest auf der Matte aufliegen. Heben Sie mit der nächsten Einatmung Ihren Kopf leicht von den Knien und entspannen Sie mit der nächsten Ausatmung Ihre Muskeln.

5. Wenn Sie dieser Übung ein Ende setzen möchten, so strecken Sie mit der nächsten Einatmung wieder die Arme und die Wirbelsäule. Rollen Sie sich jetzt langsam, Wirbel für Wirbel, wieder nach oben.

29. Zeitmanagement im Alltag

Im Alltag nimmt man sich gerne etwas vor, das kennen Sie bestimmt. Es beginnt mit den kleinen Dingen im Haushalt und endet bei den Luxusbedürfnissen. Doch oft kommt man über diese Dinge hinweg, aus den unterschiedlichsten Gründen. Wie Sie Ihre Zeit managen können und einen Erfolg des Alltags hervorrufen, bringen Sie im Folgenden in Erfahrung.

29.1 DER TERMINKALENDER

Nun ist es eine große Herausforderung, neben der Familie, dem Job, dem Haushalt, den Hobbys etc. ausreichend Zeit zu finden. Und hier bietet sich nur eine Möglichkeit, und zwar das gute Zeitmanagement. Wenn Sie nicht wissen, wie Sie sich organisieren sollen oder Unterstützung für die Verwaltung von Terminen und Aufgaben benötigen, sollten Sie im Alltag am besten auf einen Terminkalender zurückgreifen. Dieser zeigt Ihnen, was bevorsteht. Sie können ihn für Ihren Alltag verwenden und so auch Zeit für Ihre Anstrebungen einplanen. Hier können Sie auf die unterschiedlichsten Formen und Varianten zurückgreifen. Unterschiede finden sich in dem Design und den Einstellungen. Auch die Möglichkeiten zur Synchronisation sind relevant. Recherchieren Sie die Funktionen eines bestimmten Terminkalenders und bestimmen Sie anschließend, wie Sie diesen einsetzen wollen. Im Alltag werden Sie schnell merken, ob der ausgewählte Kalender zu Ihnen passt. Wer weiß, vielleicht greifen Sie am Ende ja sogar auf den schriftlichen Kalender zurück?

Planen Sie nun Zeit für Ihren Erfolg ein. Ihr Ziel ist es, eine Stunde am Tag spazieren zu gehen? Oder Sie wollen täglich an der frischen Luft in Ihr Buch eintauchen? Dann tun Sie dies. Mit einem Kalender wird Sie so schnell keiner davon abhalten. Nutzen Sie die eingeplanten Minuten und Stunden für sich selbst. Darüber hinaus können Sie Ihre Termine auch mit weiteren Mitbewohnern des Hauses teilen, damit Sie von nichts und niemandem gestört werden und Sie sich ganz auf sich selbst konzentrieren können.

30. Fazit

30.1 JEDER MUSS FÜR SICH SELBST ENTSCHEIDEN, WAS DAS RICHTIGE IST

Auf den letzten Seiten haben Sie einiges dazu gelernt. An dieser Stelle ermögliche ich Ihnen einen kurzen und zusammengefassten Überblick, um Sie an das Wesentliche zu erinnern. Es begann mit einer kurzen Einführung in die Definition des Erfolges. Sie haben gelernt, dass die Vorsätze individuell gestaltet werden. So muss jeder Mensch seine eigenen Regeln aufstellen und das Resultat selbstständig bewerten. Kein Außenstehender ist in der Lage, Ihren Erfolg zu messen. Die Bewertung liegt allein in Ihrer Hand.

Sie haben gesehen, dass ein Erfolg eine grenzenlose Bandbreite aufweist. Schauen Sie gerne in das Inhaltsverzeichnis und lassen Sie sich inspirieren. Steigen Sie in Themengebiete ein, die Ihr Interesse wecken. Gerne können Sie auch auf neue Gebiete zurückgreifen, von denen Sie meinen, dass es Ihnen nicht liegt. Schließlich sollte man alles einmal ausprobiert haben. Außerdem werden die Themen verständlich dargestellt, sodass selbst der kleinste Einsteiger einen Gefallen am Lesen finden wird. Sie werden schon sehen! Das Buch bietet Ihnen zu den Themen unterschiedliche Varianten der Umsetzung an. Wenn es um die richtige Wahl der Technik gehen, sind Sie gefragt. Welche Methode liegt Ihnen am besten? Um auf der sicheren Seite zu sein, können Sie auch gerne eine weitere Alternative heranziehen oder diese entsprechend an Ihre Umstände anpassen. Aber Achtung! Jede Zielerreichung verlangt ihre Zeit. Lassen Sie sich nicht vom Aufwand abschrecken, sondern gehen Sie es an. Geben Sie unter keinen Umständen auf, Sie schaffen das. Da bin ich zuversichtlich.

Letzten Endes konnten Sie sich jetzt an einem Topf voll von Inspirationen und Informationen bedienen und nun können Sie Ihre persönlichen Ziele anstreben. Viel Erfolg!

31. Glossar

Hier finden Sie eine alphabetische Auflistung, in der die Fachbegriffe aus dem Buch nochmal einfach aufgelistet und definiert werden.

31.1 DEFINITIONEN

Abseits: Von einem Abseits spricht man, wenn ein Spieler den Ball bekommt, aber bei der Ballabgabe näher am Tor der Gegner steht als zwei Gegenspieler. Zu beachten ist, dass sich der betroffene Mitspieler in der Spielfeldhälfte des Gegners befindet.

Alterung: Das ist ein Prozess, welcher bereits von Geburt an unumkehrbar fortschreitet. Dass Lebewesen altern, ist von einer Vielzahl von Einflüssen bedingt. So beschleunigen Umweltfaktoren, der Lebensstil sowie auch einschneidende Lebensereignisse den genetisch vorherbestimmten Prozess des Alterns. Unterschieden wird grundsätzlich in zwei Formen des Alterns: Das primäre Altern und das sekundäre Altern. Ersteres bezieht sich auf die Alterung von Zellen, Organen und Organismus. Er verläuft spezifisch, wird genetisch gesteuert und definiert die maximale Lebensspanne. Zu dem sekundären Altern gehören Krankheiten und entsprechende kompensatorische Anpassungen an Schäden und Funktionsstörungen.

Disziplin: Zu der zentralen Kernkompetenz des persönlichen Erfolges gehört die Disziplin, damit die eigenen Ziele auch erreicht werden. Denn es sind immer die eigene Selbstbeherrschung und der richtige Tatenrang gefragt. Egal, wie gut die Ziele auch formuliert werden, am Ende entscheiden die Beherrschung des eigenen Willens sowie die Ordnung und Kontrolle über sich selbst.

Erfolg: Dieser Begriff meint das Erreichen von gesetzten Zielen, die vorher definiert wurden oder allgemein erstrebenswert sind. Dabei können sich diese Ziele sowohl auf einen einzelnen Menschen als auch auf eine Organisation beziehen. Weiter kann zwischen materiellen und emotionalen Zielen differenziert werden. Die Vorsätze sind dabei nicht konkret in einem Satz definierbar. Vielmehr kommt es auf den komplexen Bezugsrahmen und auf die jeweiligen Bewertungskomponenten an. Und da in die Bewertung der Zielerreichung immer das persönliche Werte- und Zielsystem mit einfließt, ist der Erfolg ein Resultat des eigenen Handelns.

Fasten: Bei dem Fasten führen Sie Ihrem Körper weniger bis keine Nahrung mehr zu, sodass dieser zur weiteren Energieversorgung auf gespeicherte Kohlenhydrate zurückgreifen muss. Die Speicher von Fett werden mit der Zeit aufgebraucht. Die Vorteile werden innerhalb kürzester Zeit sichtbar sein. Des Weiteren normalisieren sich Stoffwechselprobleme und die Blutwerte und -fette weisen bessere Werte auf. Profitieren werden Sie auch, wenn Sie z. B. Darmstörungen, Bluthochdruck, Krebs oder Gelenkprobleme haben.

Foul: Spieler auf dem Platz können nur mit Füßen, Kopf oder Brust spielen. Wenn Sie den Ball mit der Hand oder dem Arm berühren, bestraft der Schiedsrichter ein Foul. Nur der Torwart darf seine Hand im Strafraum vor seinem Tor einsetzen. Dies ist jedoch nur erlaubt, wenn der gegnerische Spieler spielt. Nehmen Sie keinen Ball von einem Ihrer Mitspieler mit der Hand auf. Wenn ein solcher Rückschlag darin besteht, den Ball mit den Händen zu fangen, muss der Schiedsrichter auch das Foul benennen.

Gedächtnis: Das Gedächtnis kann in Ultrakurzzeitgedächtnis, Kurzzeitgedächtnis und Langzeitgedächtnis differenziert werden. Jedes dieser drei Arten speichert Informationen, Emotionen, Erfahrungen, Fähigkeiten oder auch Regeln. Der Gedächtnisprozess wird durch Stress, Zeitdruck oder Müdigkeit negativ beeinflusst.

Gehirnjogging: Durch gezieltes Gehirnjogging kann die geistige Leistungsfähigkeit verbessert werden, indem die Aufnahmefähigkeit, die Konzentration, die Koordination und die Lernfähigkeit verbessert werden. Darüber hinaus wird die Fähigkeit, logisch zu denken und Urteile zu fällen, verbessert. Eine bessere Gedächtnisleistung kann auch das Gedächtnis verbessern, den durch die geistige Flexibilität verursachten Stress verringern und gleichzeitig die Fähigkeit verbessern, sich auszudrücken, sodass Sie Wörter schneller finden können.

Geldanlage: Es gibt unzählige Möglichkeiten, das Geld anzulegen. Alles über das Girokonto bzw. Tagesgeld, das Sparbuch, die Renten- und Lebensversicherungen, die Bausparverträge, die Aktien, die Aktienfonds, die Anleihen, die Immobilien und die Edelmetalle können Sie im Kapitel „Geld anlegen“ nachlesen.

Immunsystem: Das Abwehrsystem gegen fremde Stoffe und Keime ist wichtig, da sich der Körper ständig mit der Umwelt austauscht. Und dort sind viele Bakterien, Pilze, Viren und Parasiten vorhanden. Wenn diese in den Körper eindringen, können lebensgefährliche Infektionen die Folge sein. Das Immunsystem schützt

Ihren Körper vor diesen Schadstoffen und Eindringlingen. Dazu nutzt es unterschiedliche Abwehrmechanismen.

Marke: Die Markenpolitik hat eine Differenzierungs- und Identifikationsfunktion bezüglich der Produktpersönlichkeit, z. B. in Bezug auf die Verpackung und/oder die Qualität mit dem Ziel der Markenbekanntheit. Alle Markenartikel entstehen durch eine Produktmarkierung. Zu den Merkmalen gehören eine unveränderte bzw. verbesserte Qualität, ein hoher und zielgruppenspezifischer Bekanntheitsgrad, eine Verbraucherwerbung sowie eine gleichbleibende Aufmachung, gleichbleibende Preise und Mengen etc. Das geschützte Zeichen kann dabei individuell gestaltet und mit unterschiedlichen Strategien auf dem Markt umgesetzt werden.

Marketing: Bei dem Marketing werden zu Beginn Marketingziele formuliert, aus denen anschließend Marketingstrategien abgelesen werden können. Mithilfe der verschiedenen Marketinginstrumente sollen diese Ziele dann verwirklicht werden. Zu den Marketinginstrumenten gehören die folgenden vier Positionen, die zusammen den Marketingmix ausmachen: Produktpolitik, Preispolitik, Distributionspolitik und Kommunikationspolitik.

Produktprogramm: Bei dem Produktprogramm geht es um das Sortiment, welches ein Unternehmen aufweist. Unterschieden wird dabei zwischen dem Kernprogramm, dem Randprogramm, der Programmbreite und der Programmtiefe. Aufgrund der Kundenbedürfnisse, wegen des Umsatzes oder weil Marktveränderungen vorliegen, ist eine ständige Überprüfung und Anpassung des Produkt- und Produktionsprogrammes erforderlich. Unterschieden wird hier zwischen der Produktinnovation, der Produktvariation und der Produktelimination.

Produktlebenszyklus: Der Produktlebenszyklus, kurz PLZ, beschreibt die Marktphase, in der sich das jeweilige Produkt aktuell befindet. Dabei wird zwischen 6 Phasen differenziert: Einführungsphase, Wachstumsphase, Reifephase, Sättigungsphase, Degeneration und Nachlaufphase. Natürlich gibt es Zyklen, die vom idealtypischen PLZ abweichen. Oft handelt es sich hierbei dann um saisonale Produkte, Trendprodukte oder um einen Flop.

Rendite: Die Rendite ist der Ertrag oder die Verzinsung von Wertpapieren oder anderen Kapitaleinlagen. Die Kennziffer sagt aus, ob und in welcher Höhe ein Gewinn erzielt wurde. Berechnet wird die Rendite, indem man das eingesetzte Kapital mit dem erbrachten Gewinn in das Verhältnis setzt.

Yoga: Das Yoga ist eine indische Lehre, welche dort ein Teil der hinduistischen Lehre darstellt. Sie hält Ihren Körper, Ihren Geist und Ihre Seele gesund. Langfristig sollen so alle körperlichen und seelischen Leiden überwunden werden. Die Technik hat sich dabei über Jahre hinweg immer weiterentwickelt und ist heute auf der ganzen Welt in verschiedenen Formen zu finden.

32. Literaturverzeichnis

[1] Seite „Schach Ratgeber“. In: Schachfan. URL: https://schachfan.com/ratgeber/, (Abgerufen am 17.03.2021)

[2] Seite „Ratgeber zur richtigen Hundeerziehung“. In: Hundeo. URL: https://www.hundeo.com/, (Abgerufen am 11.05.2021)

[3] Seite „Fußballregeln: Erklärung und Praxistipps“. In: markt.de. URL: https://www.markt.de/ratgeber/, (Abgerufen am 08.06.2021)

[4] Seite „Geld richtig anlegen – Welche Möglichkeiten gibt es?“. In: Deltavalue. URL: https://www.deltavalue.de/geld-richtig-anlegen/, (Abgerufen am 08.06.2021)

[5] Seite „Yoga Ratgeber für Anfänger“. In: Ab Jetzt Yoga. URL: https://abjetztyoga.de/, (Abgerufen am 08.06.2021)

[6] Seite „Ratgeber Laufen“. In: Lauftipps. URL: https://lauftipps.ch/, (Abgerufen am 09.06.2021)

[7] Seite „Vorbereitung Abschlussprüfung – Diese 10 Fragen sollten Sie kennen“. In: Prüfungsratgeber. URL: https://www.pruefungsratgeber.de/, (Abgerufen am 10.06.2021)

[8] Seite „11 Tipps, wie Sie noch erfolgreicher im Beruf werden“. In: heise online. URL: https://www.heise.de/, (Abgerufen am 10.06.2021)

[9] Seite „Erfolgreich bewerben: Mit 10 Psychotricks punkten“. In: karriere bibel. URL: https://karrierebibel.de/erfolgreich-bewerben/, (Abgerufen am 10.06.2021)

[10] Seite „Was bedeutet Disziplin? Methoden, wie du deine Disziplin verbesserst“. In: DailyMentor. URL: https://dailymentor.de/, (Abgerufen am 10.06.2021)

[11] Seite „Lerntechniken: Die 10 erfolgreichsten Methoden!“. In: MyStipendium. URL: https://www.mystipendium.de/, (Abgerufen am 1006.2021)

[12] Seite „Schnelles Sprachen lernen: Alles was Du wissen musst, um erfolgreich eine Fremdsprache zu lernen!“. In: Sprachheld. URL: https://www.sprachheld.de/, (Abgerufen am 10.06.2021)

[13] Seite „Nachhaltig unterwegs: 50 Tipps“. In: Pandoo. URL: https://gopandoo.de/, (Abgerufen am 10.06.2021)

33. Abbildungsverzeichnis

Wir danken Ihnen für Ihr Interesse und Ihr Vertrauen. Als Dankeschön dafür, haben wir eine besondere Überraschung. Wir haben einen **grandiosen Guide der zu mehr Erfolg in Alltag und Beruf verhilft,** exklusiv für Sie. Und diesen erhalten Sie vollkommen kostenlos. Das klingt wunderbar? Dann warten Sie nicht lange und holen Sie sich Ihr Gratis-Geschenk.

Hier geht es zu Ihrem Gratis-Geschenk:

https://forms.gle/8MPHWgx1ZET791gy8

1. **Öffnen Sie die Kamera-App auf Ihrem Smartphone und richten Sie die Kamera auf den QR-Code.**
2. **Klicken Sie auf den Link, der Ihnen angezeigt wird und schon werden Sie zur Website weitergeleitet.**

Impressum

Herausgeber: Pegoa Global Media GmbH / Am Sandtorkai 27 / 20457 Hamburg
Kontakt: kontakt@pegoamedia.de
Coverbild: Shutterstock

Haftungsausschluss:
Die Nutzung dieses Buches und die Umsetzung der enthaltenen Informationen, Anleitungen und Strategien erfolgt auf eigenes Risiko. Der Autor kann für etwaige Schäden jeglicher Art aus keinem Rechtsgrund eine Haftung übernehmen. Haftungsansprüche gegen den Autor für Schäden materieller oder ideeller Art, die durch die Nutzung oder Nichtnutzung der Informationen bzw. durch die Nutzung fehlerhafter und/oder unvollständiger Informationen verursacht wurden, sind grundsätzlich ausgeschlossen. Rechts- und Schadenersatzansprüche sind daher ausgeschlossen. Dieses Werk wurde sorgfältig erarbeitet und niedergeschrieben. Der Autor übernimmt jedoch keinerlei Gewähr für die Aktualität, Vollständigkeit und Qualität der Informationen. Druckfehler und Falschinformationen können nicht vollständig ausgeschlossen werden. Es kann keine juristische Verantwortung sowie Haftung in irgendeiner Form für fehlerhafte Angaben vom Autor übernommen werden. Die bereitgestellten Analysen, Vorschläge, Ideen, Meinungen, Kommentare und Texte sind ausschließlich zur Information bestimmt und können ein individuelles Beratungsgespräch nicht ersetzen. Alle Informationen dieses Buches entsprechen dem Kenntnisstand zum Zeitpunkt des Verfassens dieses Buches. Eine Haftung für mittelbare und unmittelbare Folgen aus den Informationen dieses Buches ist somit ausgeschlossen.
Informieren Sie sich weitläufig aus unterschiedlichen Quellen und bedenken Sie, dass am Ende nur Sie für die Entscheidungen verantwortlich sind.

Haftung für externe Links:
Unser Angebot enthält Links zu externen Websites Dritter, auf deren Inhalte wir keinen Einfluss haben. Deshalb können wir für diese fremden Inhalte auch keine Gewähr übernehmen. Für die Inhalte der verlinkten Seiten ist stets der jeweilige Anbieter oder Betreiber der Seiten verantwortlich. Die verlinkten Seiten wurden zum Zeitpunkt der Verlinkung auf mögliche Rechtsverstöße überprüft. Rechtswidrige Inhalte waren zum Zeit-punkt der Verlinkung nicht erkennbar.